技工院校会计专业教材
高等职业院校会计专业教材

企业财务会计实务
习题册

何义山　主编

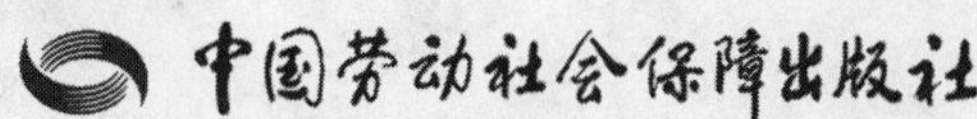

简　介

本书为《企业财务会计实务》的配套习题册。本书题型设计多样，包括名词解释、填空题、选择题、判断题、简答题、案例分析题等，力求充分体现教材的重点和难点，反映实际工作中将接触的具体问题，使学生能够掌握有关知识和原理，并具有解决实际问题的能力。

本书由何义山任主编。

图书在版编目(CIP)数据

企业财务会计实务习题册 / 何义山主编. -- 北京：中国劳动社会保障出版社，2025. --(技工院校会计专业教材)（高等职业院校会计专业教材）. -- ISBN 978-7-5167-6854-9

Ⅰ. F275. 2-44

中国国家版本馆 CIP 数据核字第 2025W2B299 号

企业财务会计实务习题册

QIYE CAIWU KUAIJI SHIWU XITICE

中国劳动社会保障出版社出版发行

（北京市惠新东街 1 号　邮政编码：100029）

*

北京市科星印刷有限责任公司印刷装订　　新华书店经销

787 毫米×1092 毫米　16 开本　9 印张　205 千字

2025 年 6 月第 1 版　　2025 年 6 月第 1 次印刷

定价：19.00 元

营销中心电话：400-606-6496

出版社网址：https://www.class.com.cn

https://jg.class.com.cn

目录

第一章　总论 …… 1

第二章　存货核算 …… 5

第三章　固定资产核算 …… 12

第四章　无形资产核算 …… 22

第五章　长期股权投资核算 …… 33

第六章　投资性房地产核算 …… 41

第七章　资产减值核算 …… 53

第八章　金融资产与金融负债核算 …… 63

第九章　职工薪酬与借款费用核算 …… 72

第十章　或有事项核算 …… 80

第十一章　收入核算 …… 89

第十二章　政府补助核算 …… 100

第十三章　所得税核算 …… 105

第十四章　财务报表编制 …… 116

第十五章　会计政策、会计估计变更与差错更正 …… 125

第十六章　资产负债表日后事项处理 …… 133

第一章　总论

一、名词解释

1. 收付实现制

2. 可靠性

3. 资产

4. 收入

5. 可变现净值

6. 公允价值

二、填空题

1. 企业会计确认应当以____________制为基础。
2. 行政事业单位预算会计核算实行____________制。

3. 会计____________要求是对企业财务报告中所提供会计信息质量的基本要求。

4. 企业应当以实际发生的交易或者事项为依据进行会计____________、计量和____________。

5. 企业在一定会计期间的经营成果是____________。

6. 反映财务状况的会计要素有资产、负债和____________。

7. 会计对象的基本分类是____________，它是会计核算对象的具体化。

8. 利得是由企业____________活动形成的，是偶然性的。

9. 金融资产和金融负债以____________进行初始计量。

10. 过去为取得某项资产而实际发生的成本是____________。

三、单项选择题

1. 强调不同企业发生的相同或者相似的交易或者事项应当采用规定的会计政策，确保会计信息口径一致的会计信息质量要求是（　　）。

A. 可靠性　　B. 可理解性　　C. 及时性　　D. 可比性

2. 会计信息的相关性应以（　　）为基础。

A. 可靠性　　B. 重要性　　C. 实质重于形式　　D. 谨慎性

3. 下列关于利润的表述中，正确的是（　　）。

A. 利润体现的是企业某一时点的经营成果

B. 利润的增加会引起所有者权益的增加

C. 利润的金额是由收入减去费用确认的

D. 利润体现的是企业日常经营活动的业绩

4. 按照企业会计准则的规定，以下表述不正确的是（　　）。

A. 费用导致经济利益的流出，最终导致所有者权益减少

B. 损失导致经济利益的流出，但不属于会计准则定义的费用要素

C. 利得导致经济利益的流入，但是不属于会计准则定义的收入

D. 营业成本属于费用，期间费用属于损失

5. 目前会计计量的主要方式是按（　　）计量。

A. 现值　　B. 历史成本　　C. 公允价值　　D. 可变现净值

6. 企业盘盈资产应以（　　）计量。

A. 重置成本　　B. 名义金额　　C. 摊余成本　　D. 公允价值

四、多项选择题

1. 下列有关收付实现制的应用，正确的有（　　）。

A. 资产负债表以收付实现制为基础进行编制

B. 利润表以收付实现制为基础进行编制

C. 现金流量表以收付实现制为基础进行编制

D. 行政单位预算会计采用收付实现制

2. 以下属于会计信息质量要求的有（　　）。

A. 重要性　　B. 相关性

C. 及时性　　D. 实质重于形式

3. 某公司发生下列业务，其中会增加负债的有（　　）。

A. 为购建固定资产而借入一笔专门借款

B. 为取得股权投资而发行一笔债券

C. 以一项专利技术与债权人进行债务重组

D. 以发行权益性证券的方式取得长期股权投资

4. 下列有关利得或损失的表述，不正确的有（　　）。

A. 企业非日常活动所形成的、会导致所有者权益增加的、与所有者投入资本无关的经济利益的流入属于直接计入所有者权益的利得

B. 企业发生的利得或损失均应计入所有者权益

C. 企业发生的利得或损失最终都会影响所有者权益

D. 利得与损失的区别在于前者是非日常活动产生的，后者是日常活动产生的

5. 下列选项中，适宜用现值计量的有（　　）。

A. 资产减值可收回金额

B. 具有重大融资性质的交易

C. 摊余成本

D. 固定资产（初始计量）

6. 下列选项中，属于企业会计主要计量属性的有（　　）。

A. 历史成本　　B. 名义金额

C. 公允价值　　D. 评估价值

五、判断题

1. 企业应当根据其所处环境和实际情况，从项目的性质和金额大小两方面判断会计信息的重要性。（　　）

2. 企业计提存货跌价准备体现了实质重于形式这一会计信息质量要求。（　　）

3. 同一企业对于不同时期发生的相同或者相似的交易或者事项，应当采用一致的会计政策，不得变更。（　　）

4. 所有者权益体现的是所有者在企业中的优先权益。（　　）

5. 收入与利得均导致所有者权益增加，均与投入资本无关。（　　）

6. 制造费用和长期待摊费用都属于费用。（　　）

7. 如果企业资产按照现在购买相同或者相似资产所需支付的现金或者现金等价物的金额计量，负债按照现在偿付该项债务所需支付的现金或者现金等价物的金额计量，其所采用的会计计量属性为历史成本。（　　）

8. 资产的现值按照预计从其持续使用中所产生的未来净现金流入量的折现金额计量。（　　）

六、简答题

1. 会计信息质量包括哪些要求？

2. 负债的确认条件是什么？

3. 简述利润的组成内容。

第二章　存货核算

一、名词解释

1. 存货

2. 外购存货成本

3. 可变现净值

4. 存货清查

二、填空题

1. 存货成本包括采购成本、__________和其他成本。

2. 计入存货的采购成本的相关税费包括进口关税、__________、资源税、不能抵扣的增值税进项税额等。

3. 加工主要有委托外单位加工和__________两种形式。

4. 企业对于投资者投入存货的成本，应当按照投资__________确定，但合同或协议约定价值不公允的除外。

5. 计提存货跌价准备时，应借记__________科目。

6. 存货清查通过__________科目核算。期末处理后，该科目应无余额。

7. 资产负债表日，当存货成本低于可变现净值时，存货应按__________计量。

8. 企业通常应当按照__________计提存货跌价准备。

三、单项选择题

1. 下列选项中，不在资产负债表“存货”项目中列示的是（　　）。

A. 生产成本　　B. 委托代销商品

C. 为在建工程购入的工程物资　　D. 发出商品

2. 某公司接受一批原材料投资，该批原材料在接受投资时的市场公允价格为 100 万元，双方协议确定的价值为 60 万元，则该公司接受投资时原材料的入账价值为（　　）万元。

A. 100　　B. 78　　C. 60　　D. 113

3. 甲公司委托乙公司加工材料一批（属于应税消费品），原材料成本为 620 万元，支付的加工费为 100 万元（不含增值税），消费税税率为 10%（受托方没有同类消费品的销售价格），材料加工完成并已验收入库，加工费用等已经支付。双方适用的增值税税率为 13%。甲公司按照实际成本核算原材料，将加工后的材料直接用于销售（售价不高于受托方计税价格），则收回的委托加工物资的实际成本为（　　）万元。

A. 720　　B. 737　　C. 800　　D. 813

4. 某公司是一家工业生产企业，属增值税一般纳税人，采用实际成本计价核算材料成本。2024 年 4 月 1 日，该公司购入某种材料 100 件，每件购买价为 1 000 元，增值税税率为 13%；取得货物运输业增值税专用发票，运费为 1 000 元，增值税为 90 元；保险费为 400 元，装卸费为 500 元；验收入库时发现损耗了 2 件，属于合理损耗范畴。该批材料的入账成本为（　　）元。

A. 101 900　　B. 119 010　　C. 117 010　　D. 99 900

5. 甲公司为上市公司。2024 年年末，甲公司库存 A 原材料、B 产成品的账面余额分别为 1 000 万元和 500 万元。当年年末计提跌价准备前，库存 A 原材料、B 产成品计提的跌价准备的账面余额分别为 0 元和 100 万元。库存 A 原材料将全部用于生产 C 产成品，预计 C 产成品的市场价格总额为 1 100 万元，预计生产 C 产成品还需发生除 A 原材料成本以外的加工成本 300 万元，预计为销售 C 产成品发生的相关税费总额为 55 万元。C 产成品销售中有固定销售合同的占 80%，合同价格总额为 900 万元。B 产成品的市场价格总额为 350 万元，预计销售 B 产成品发生的相关税费总额为 18 万元。假定不考虑其他因素，甲公司 2024 年 12 月 31 日应计提的存货跌价准备为（　　）万元。

A. 23　　B. 250　　C. 303　　D. 323

6. 某公司对外提供财务报告的时间为 6 月 30 日和 12 月 31 日；存货采用加权平均法计价，按单项存货计提跌价准备；存货跌价准备在结转成本时结转。假设该公司只有一种存货。该公司 2023 年年末存货的账面成本为 20 万元，预计可变现净值为 16 万元；2024 年上半年因售出该项存货结转存货跌价准备 2 万元，2024 年 6 月 30 日存货的账面成本为 18 万元，预计可变现净值为 15 万元；2024 年下半年因售出该存货又结转存货跌价准备 2 万元，2024 年 12 月 31 日存货的账面成本为 22 万元，预计可变现净值为 23 万元。该公司 2024 年年末资产减值准备明细表中“存货跌价准备”年末余额和 2024 年度资产减值损失中“计提存货跌价准备”应分别为（　　）。

A. 0 元和−7 万元　　B. 0 元和−4 万元

C. 0 元和 0 元　　D. −6 万元和 1 万元

7. 2023 年 12 月 26 日，甲公司与乙公司签订了一份不可撤销的销售合同。双方约定，2024 年 3 月 20 日，甲公司应按每台 103 万元的价格向乙公司提供 A 产品 8 台。2023 年 12 月 31 日，甲公司还没有生产该批 A 产品，但持有的库存 C 材料专门用于生产该批 A 产品，其账面价值（成本）为 316 万元，市场销售价格总额为 338 万元。将 C 材料加工成 A 产品尚需发生加工成本 350 万元。不考虑其他相关税费，2023 年 12 月 31 日，C 材料的可变现净值为（　　）万元。

A. 216　　B. 338　　C. 316　　D. 474

8. 期末，某公司对存货进行盘点，发现存货盘盈为自然因素造成，则应贷记（　　）科目。

A. 管理费用　　B. 营业外收入

C. 其他应收款　　D. 待处理财产损溢

四、多项选择题

1. 下列选项中，应计入存货实际成本的有（　　）。

A. 用于直接对外销售（售价不高于受托方计税价格）的委托加工应税消费品收回时支付的消费税

B. 材料采购过程中发生的非合理损耗

C. 发出用于委托加工的物资在运输途中发生的保险费

D. 商品流通企业外购商品时所支付的运杂费等相关费用

2. 下列有关存货入账成本的表述中，正确的有（　　）。

A. 转运环节的仓储费应计入存货成本

B. 委托加工时支付给受托方的消费税应计入存货成本

C. 自然灾害造成的原材料净损失应计入产成品成本

D. 接受捐赠取得的存货应按其公允价值入账

3. 企业为外购存货发生的各项支出中，应计入存货成本的有（　　）。

A. 入库前的挑选整理费

B. 运输途中的合理损耗

C. 不能抵扣的增值税进项税额

D. 运输途中因自然灾害导致的损失

4. 下列选项中，应计入存货实际成本的有（　　）。

A. 为特定客户设计产品发生的可直接确定的设计费用

B. 运输过程中发生物资毁损，从运输单位收到的赔款

C. 达到下一个生产阶段所必需的仓储费用

D. 制造企业为生产产品而发生的直接人工费用

5. 下列关于存货会计处理的表述中，正确的有（　　）。

A. 因对外投资转出存货时应结转已计提的相关存货跌价准备

B. 存货采购过程中发生的损耗不计入采购成本

C. 存货跌价准备一经计提不得转回

D. 可变现净值是确认存货跌价准备的重要依据之一

6. 在确定存货可变现净值时，估计售价的确定方法有（　　）。

A. 为执行销售合同或者劳务合同而持有的存货，通常应当以产成品或商品的合同价格作为其可变现净值的基础

B. 如果企业持有存货的数量多于销售合同订购的数量，超出部分的存货可变现净值应当以产成品或商品的合同价格作为计量基础

C. 没有销售合同约定的存货（不包括用于出售的材料），其可变现净值应当以产成品或商品的一般销售价格（即市场销售价格）作为计量基础

D. 用于出售的材料等，应当以其预计售价作为可变现净值的计量基础

7. 下列选项中，表明存货的可变现净值低于成本的有（　　）。

A. 该存货的市场价格持续下跌，并且在可预见的未来无回升的希望

B. 使用某种原材料生产的产品成本高于产品销售价格，且该产品无销售合同

C. 因产品更新换代，原有库存原材料已不适应新产品的需要，而该原材料的市场价格又低于其账面成本

D. 因企业所提供的商品或劳务过时或消费者偏好改变而使市场需求发生变化，导致市场价格逐渐下跌

8. 下列业务中，可能引起期末存货账面价值发生增减变动的有（　　）。

A. 计提存货跌价准备

B. 转回存货跌价准备

C. 存货出售结转成本的同时结转之前计提的存货跌价准备

D. 存货盘盈

五、判断题

1. 商品流通企业在采购商品过程中发生的运输费、装卸费、保险费等，应当直接计入当期损益。（　　）

2. 存货实际成本的购买价是指购货价格扣除商业折扣和现金折扣以后的金额。（　　）

3. 存货的加工成本是指加工过程中实际发生的人工成本等，不包含分配的制造费用。（　　）

4. 委托加工业务中，委托方发出材料后其存货总额减少。（　　）

5. 资产负债表日，以前减记存货价值的影响因素已经消失，减记的金额应当予以恢复，将可变现净值与账面价值的差额转回并计入当期损益。（　　）

6. 对于盘盈或盘亏的存货，如果在期末结账前尚未批准处理的，应在资产负债表中

的“待处理财产净损失”项目中列示。（　）

7. 销售已计提存货跌价准备的存货，应结转相应的存货跌价准备，同时调整“主营业务成本”科目或“其他业务成本”科目的金额。（　）

8. 存货跌价准备的转回和结转是一个意思的两种表达。（　）

六、简答题

1. 存货同时满足哪些条件时才能予以确认？

2. 委托外单位加工的存货产生的消费税应如何进行会计处理？

3. 哪些情况表明存货发生全部减值的迹象？

4. 不同情形下，可变现净值应如何确定？

七、案例分析题

1. 甲公司委托乙公司加工用于连续生产应税消费品的材料，甲、乙两公司均为增值税一般纳税人，适用的增值税税率均为13%，适用的消费税税率均为10%，甲公司对原材料按实际成本法进行核算。2024 年，有关该业务的资料如下：

（1）甲公司发出材料一批，实际成本为 392 000 元。

（2）甲公司以银行存款支付乙公司加工费 58 000 元（不含增值税）以及相应的增值

税和消费税。

（3）甲公司以银行存款支付往返运杂费 1 万元。

（4）材料加工完成后，甲公司收回该委托加工物资并验收入库。

已知甲公司委托加工的应税消费品，受托方无同类消费品的销售价格参照，消费税组成计税价格的计算公式是：

消费税组成计税价格=（材料成本+加工费）÷（1-消费税税率）

要求：

（1）计算甲公司应支付的增值税和消费税。

（2）计算甲公司收回加工材料的实际成本。

（3）编写甲公司的有关会计分录。

2. 某公司按单项存货、按年计提跌价准备。2023 年 12 月 31 日，该公司期末存货有关资料如下：

（1）A 产品库存 100 台，单位成本为 15 万元，市场销售价格为每台 18 万元，预计运杂费等销售税费平均每台 1 万元，未签订不可撤销的销售合同。

（2）B 产品库存 500 台，单位成本为 4.5 万元，市场销售价格为每台 4 万元。公司已经与一长期客户签订一份不可撤销的销售合同，约定在 2024 年 2 月 10 日向该客户销售 B 产品 300 台，合同价格为每台 5 万元。向长期客户销售的 B 产品的销售税费平均每台 0.3 万元，向其他客户销售的 B 产品的销售税费平均每台 0.4 万元。B 产品的存货跌价准备期初余额为 50 万元。

（3）C 产品存货跌价准备的期初余额为 270 万元。2023 年销售 C 产品结转存货跌价准备 195 万元。当年年末 C 产品库存 1 000 台，单位成本为 3.7 万元，C 产品市场销售价格为每台 4.5 万元，预计销售税费平均每台 0.5 万元。未签订不可撤销的销售合同。

（4）D 原材料 400 千克，单位成本为 2.25 万元，合计 900 万元，市场销售价格为每千克 1.2 万元。现有的 D 原材料可用于生产 400 台 D 产品，预计加工成 D 产品还需每台投入成本 0.38 万元。针对 D 产品已签订不可撤销的销售合同，约定次年按每台 3 万元的价格销售 400 台。预计销售税费平均每台 0.3 万元。

（5）E 配件 100 千克，每千克的账面成本为 24 万元，市场价格为 20 万元。该批配件可用于加工 80 件 E 产品，估计每件尚需投入加工成本 34 万元。E 产品 2023 年 12 月 31 日的市场价格为每件 57.4 万元，估计销售过程中每件将发生销售费用及相关税费 2.4 万元。E 配件期初的存货跌价准备余额为 0。

要求：判断各产品或材料期末是否需要计提存货跌价准备。如果不需要计提，请说明理由；如果需要计提，计算应计提的减值损失金额，编写相关会计分录，并分别说明期末资产负债表中“存货”项目应列示的金额。

第三章　固定资产核算

一、名词解释

1. 固定资产

2. 弃置费用

二、填空题

1. 如果固定资产需要安装，应先通过____________科目核算。

2. 企业以一笔款项购入多项没有单独标价的固定资产时，应当按照各项固定资产的____________比例对总成本进行分解，分别确定各项固定资产的成本。

3. 自行建造固定资产的成本包括____________借款费用。

4. 企业应当将弃置费用的____________计入相关固定资产的成本，同时确认相应的预计负债。

5. 固定资产的折旧方法一般包括年限平均法、双倍余额递减法、____________、工作量法等。

6. 企业选择固定资产折旧方法时，应当根据与固定资产有关的经济利益的____________作出决定。

7. 企业应当至少于每年终了对固定资产使用寿命、预计净残值和____________进行复核。

8. 固定资产应当按____________计提折旧。

9. 企业处置固定资产应通过____________科目核算。

10. 企业应定期或者至少____________对固定资产进行清查盘点，以保证固定资产核算的真实性，充分挖掘企业现有固定资产的潜力。

11. 固定资产在资产负债表日可能存在发生减值的迹象时，其可收回金额低于账面价值的，企业应当将该固定资产的账面价值减至____________。

12. 企业在财产清查中盘盈的固定资产，应作为前期差错处理，按照____________计算其入账价值。

三、单项选择题

1. 某公司为增值税一般纳税人，2023 年接受投资者投入的一台需要安装的设备。双方协议约定的价值为 30 万元，投入设备后该投资者享有公司增资后注册资本 100 万元的 20%，设备的公允价值为 22. 5 万元。该公司在安装该设备的过程中领用生产用材料一批，实际成本为 0. 2 万元；领用自产的应税消费品一批，实际成本为 1 万元，售价为 2. 4 万元。该公司适用的增值税税率为 13%，消费税税率为 10%。不考虑其他因素，该设备入账成本为（　　）万元。

A. 23. 94　　B. 26. 06　　C. 27. 26　　D. 24. 76

2. 下列关于固定资产初始入账价值的表述中，不正确的是（　　）。

A. 固定资产的入账价值中还应包括企业为取得固定资产而缴纳的契税、耕地占用税、车辆购置税等相关税费

B. 购置的不需要安装的固定资产，一般按实际支付的购买价、运输费、包装费等计算入账价值

C. 投资者投入的固定资产，应以投资合同或协议约定的价值加上应支付的相关税费作为入账价值，但合同或协议约定的价值不公允的除外

D. 以一笔款项购入多项没有单独标价的固定资产时，应当按照各项固定资产的账面价值所占比重对总成本进行分摊，分别确定各项固定资产的成本

3. 以出包方式建造固定资产发生的待摊支出不包括（　　）。

A. 公证费　　B. 管理费

C. 可行性研究费　　D. 费用化的借款费用

4. 企业如以自营方式建造固定资产，其成本不包括（　　）。

A. 直接材料　　B. 直接人工

C. 施工机械使用费　　D. 工程完工后的工程物资盘亏

5. 某项固定资产的原价为 60 万元，预计使用寿命为 5 年，预计净残值为 5 万元。企业对该项固定资产采用双倍余额递减法计提折旧，则第 4 年对该项固定资产计提的折旧额为（　　）元。

A. 39 800　　B. 51 840　　C. 20 800　　D. 10 400

6. 某项固定资产原价为 1 000 万元，采用年限平均法计提折旧，使用寿命为 10 年，预计净残值为 0。在第 5 年年初，企业对该项固定资产进行更新改造，并对某一主要部件进行更换，发生支出合计 500 万元，符合会计准则规定的固定资产确认条件，被更换的部件原价为 300 万元，则更换主要部件后的固定资产原价为（　　）万元。

A. 1 100　　B. 920　　C. 800　　D. 700

7. 下列固定资产中，不应计提折旧的是（　　）。

A. 正在改扩建的固定资产　　B. 因季节性原因停用的固定资产

C. 进行日常维修的固定资产　　　　　　D. 定期大修理的固定资产

8. 下列关于固定资产折旧范围的表述中，不正确的是（　　）。

A. 单独计价入账的土地不需要计提折旧

B. 季节性停用的固定资产应当计提折旧

C. 正在改扩建的固定资产不应计提折旧

D. 经营租出的生产设备不应当再计提折旧

9. 下列关于固定资产后续支出的表述中，错误的是（　　）。

A. 符合固定资产确认条件的，应当计入固定资产成本

B. 不符合固定资产确认条件的，应当计入当期损益

C. 发生的所有后续支出，均应在发生当期计入损益

D. 固定资产在定期大修理间隔期间应照提折旧

10. 某公司于2021年12月购入一台设备（假定不考虑增值税），实际成本为50万元，预计使用寿命为5年，预计净残值为0，采用直线法计提折旧。2022年年末，对该设备进行检查，估计其可收回金额为36万元。减值后，该固定资产的折旧方法、年限和预计净残值等均不变。2023年年末，再次检查后估计该设备可收回金额为30万元，则2023年年末应调整资产减值损失的金额为（　　）万元。

A. 6　　　　B. 7　　　　C. 3　　　　D. 0

11. 2023年11月末，某公司财务人员采用实地盘点的方法对公司的固定资产进行清查时，发现如下事项：（1）盘亏一台生产设备。账面上记载该设备的初始入账成本为500万元，已计提累计折旧300万元。经查询，该设备已报废。（2）丢失一台电动机，其入账价值为10万元，已计提累计折旧8万元。经查询电动机丢失为管理人员管理不当所致。该盘点报告上报后，至12月末已获得管理层批准，盘亏的生产设备需报废，丢失的电动机由管理人员赔偿5 000元，已收取价款。不考虑相关税费等其他因素，该公司2023年12月份因资产盘亏应确认的损失金额为（　　）万元。

A. 510　　　　B. 509.5　　　　C. 202　　　　D. 201.5

12. 在财产清查中，下列会计处理方法正确的是（　　）。

A. 以盘盈现金冲减管理费用

B. 将发现的因自然灾害造成的存货毁损计入管理费用

C. 将发现的盘盈的固定资产计入营业外收入

D. 将发现的盘亏的固定资产计入营业外支出

13. 某公司2022年6月20日购置一台不需要安装的A设备，投入企业管理部门使用。该设备入账价值为600万元，预计使用5年，预计净残值为30万元，采用双倍余额递减法计提折旧。2022年12月31日和2023年12月31日对A设备进行检查，确定A设备的可收回金额分别为500万元和250万元。不考虑其他因素，该公司2023年度使用A设备而减少的当年利润总额为（　　）万元。

A. 350　　　　B. 118.4

C. 312　　　　D. 230

四、多项选择题

1. 下列关于以出包方式建造固定资产的表述中，正确的有（　　）。

A. 应当按照建造该固定资产达到预定可使用状态前所发生的必要支出确定入账价值

B. 建造过程中的必要支出包括建筑工程支出、安装工程支出、在安装设备支出以及需分摊计入各固定资产价值的待摊支出

C. 工程开始前或开始时支付的款项属于为该出包项目预付的款项，应该通过“预付账款”科目核算

D. 在建工程达到预定可使用状态时，应分配待摊支出

2. 下列选项中，应计入固定资产成本的有（　　）。

A. 工程人员的工资

B. 生产车间为工程提供的水、电等的费用

C. 工程完工后发生的工程物资盘亏损失

D. 建造固定资产通过出让方式取得土地使用权支付的土地出让金

3. 某公司采用出包方式建造自用厂房。该公司发生的下列支出中，构成在建工程项目成本的有（　　）。

A. 领用工程物资的价值

B. 领用自产应税消费品负担的消费税

C. 支付给建筑公司的工程进度款

D. 已完工但尚未办理竣工决算手续前发生的专门借款利息支出

4. 下列关于固定资产的说法中，正确的有（　　）。

A. 固定资产是为生产商品、提供劳务、出租或经营管理而持有的

B. 固定资产的使用寿命都超过一个会计年度

C. 企业购置的环保设备和安全设备等资产不属于固定资产

D. 企业对外经营出租的设备、厂房等均应作为固定资产核算

5. 下列固定资产后续支出中，应予以费用化处理的有（　　）。

A. 机动车交通事故责任强制保险费　　B. 更换飞机发动机的成本

C. 办公楼日常修理费　　D. 生产线改良支出

6. 下列关于按工作量法计提固定资产折旧的表述中，不正确的有（　　）。

A. 工作量法属于加速折旧方法

B. 工作量法是根据预计工作量计算每期应提折旧额的一种方法

C. 工作量法是根据实际工作量计算每期应提折旧额的一种方法

D. 按工作量法计提折旧时，不需要考虑资产预计净残值

7. 某公司拥有的一台大型设备生产的产品更新换代较快，因此公司对设备采用双倍余额递减法计提折旧。下列有关该公司计提折旧的表述中，不正确的有（　　）。

A. 不需要考虑预计净残值

B. 每个折旧年度的折旧金额均相等

C. 每个折旧年度的折旧金额均不相等

D. 到期前的两个折旧年度，应改为按直线法计提折旧

8. 下列部门或机构使用的固定资产在进行日常修理时，发生的相关支出应计入管理费用的有（　　）。

A. 管理部门　　B. 生产部门　　C. 财务部门　　D. 专设销售机构

9. 下列关于固定资产折旧的说法中，正确的有（　　）。

A. 已达到预定可使用状态但尚未办理竣工决算的固定资产不需要计提折旧

B. 已计提减值准备的固定资产在计提折旧时，应当按照减值后的账面价值以及尚可使用年限重新计算应确认的折旧额

C. 放置停用的固定资产仍需要计提折旧

D. 处于更新改造过程中的固定资产应当照提折旧

10. 下列关于固定资产核算的表述中，正确的有（　　）。

A. 固定资产出售、转让、报废或毁损的，应将其处置收入扣除账面价值和相关税费后的金额计入所有者权益

B. 预期通过使用或处置不能产生经济利益的固定资产，应予以终止确认

C. 盘盈固定资产应作为前期差错处理

D. 为建造工程发生的管理费、可行性研究费、临时设施费、公证费、监理费等待摊支出应合理分摊，计入各单项工程成本

11. 固定资产盘亏，可能借记的科目有（　　）。

A. 其他应收款　　B. 管理费用

C. 营业外支出　　D. 以前年度损益调整

12. 企业固定资产处置净收益可能结转至（　　）科目。

A. 营业外收入　　B. 资产处置损益　　C. 投资收益　　D. 资本公积

13. 企业固定资产盘盈的会计分录可能涉及（　　）科目。

A. 固定资产　　B. 以前年度损益调整

C. 待处理财产损溢　　D. 累计折旧

五、判断题

1. 任何企业都应该对所持有的固定资产预计其弃置费用（即清理费用），并将其现值计入固定资产成本中。（　　）

2. 固定资产的各组成部分具有不同使用寿命或者以不同方式为企业提供经济利益，适用不同折旧率或折旧方法的，应当分别将各组成部分确认为单项固定资产。（　　）

3. 企业为建造办公大楼领用生产用原材料时，相关的增值税应计入在建工程成本。（　　）

4. 工程完工后发生的工程物资盘亏、报废、毁损，应计入固定资产成本。（　　）

5. 某企业拥有一辆货车，价值为30万元，预计总共能行驶50万公里。该车某年行驶

了2.5万公里，采用工作量法计提折旧，不考虑预计净残值，则当年应计提折旧额为1.5万元。（　　）

6. 已达到预定可使用状态但尚未办理竣工决算手续的固定资产，应按估计价值确定其成本并计提折旧。办理竣工决算手续后，再按照实际成本调整原来的暂估价值，但是无须对已经计提的累计折旧金额进行调整。（　　）

7. 企业不管采用哪种折旧方法，每一年计提折旧时，都应该考虑固定资产预计净残值的问题。（　　）

8. 年终复核时，固定资产预计净残值发生变化的，应按会计政策变更处理。（　　）

9. 处于处置状态或者预期通过使用或处置不能产生经济利益的固定资产，应终止确认。（　　）

10. 企业固定资产报废清理费用应计入“管理费用”科目。（　　）

11. 固定资产盘盈应按照会计差错更正进行追溯调整。（　　）

六、简答题

1. 固定资产同时满足哪些条件时才能予以确认?

2. 自行建造固定资产的成本包括哪些?

3. 固定资产计提折旧可能借记哪些科目?

4. 简述固定资产后续支出的会计处理原则。

5. 固定资产终止确认的条件包括哪些？

6. 固定资产处置包括哪些情形？

七、案例分析题

1. 某公司为增值税一般纳税人，与固定资产相关的不动产及动产适用的增值税税率分别为9%和13%。2023 年该公司发生的与固定资产业务相关的资料如下：

（1）1 月 1 日，外购一栋办公楼，作为自用办公楼。收到的增值税专用发票上注明的价款为 2 000 万元，增值税税额为 180 万元。款项已用银行存款支付，该办公楼购入后立即投入使用。

（2）2 月 1 日，采用出包方式购建一个生产车间，包括建造厂房和一条生产线两个单项工程。2 月 15 日，购入生产线设备，价款为 300 万元，增值税税额为 39 万元，途中保险费为 50 万元，款项已支付。7 月 1 日，厂房建筑工程主体已完工，该公司与承包商办理工程款项结算 100 万元，并以银行存款支付。7 月 15 日，该公司将生产线设备运抵现场，交付承包商安装。8 月 20 日，生产线设备安装完毕，该公司与承包商办理安装工程款项结算，金额为 50 万元，并以银行存款支付。整个工程项目发生符合资本化条件的借款利息、监理费、管理费等共计 15 万元，已通过银行存款支付。9 月 1 日，厂房、生产线达到预定可使用状态，并交付使用。

假定增值税进项税额在取得资产时进行一次性抵扣；不考虑其他因素。

要求：

（1）根据资料（1）编写外购办公楼的会计分录。

（2）根据资料（2）计算各单项工程分摊的待摊支出，并编写相关会计分录。

2. 某公司属于增值税一般纳税人，其存货和机器设备适用的增值税税率均为13%。2019年至2023年，该公司与固定资产有关的业务资料如下：

（1）2019年12月12日，该公司购进一台不需要安装的设备，取得的增值税专用发票上注明的设备价款为350万元，增值税为45.5万元，另发生运杂费等5万元（不考虑运费抵扣增值税的因素），款项以银行存款支付，没有发生其他相关税费。该设备于当日投入使用，预计使用寿命为10年，预计净残值为15万元，采用直线法计提折旧。

（2）2020年12月31日，该公司对该设备进行检查时发现其已经发生减值，预计可收回金额为285万元。计提减值准备后，该设备原预计使用寿命、预计净残值、折旧方法保持不变。

（3）2021年12月31日，该公司因生产经营方向调整，决定采用出包方式对该设备进行改良，改良工程验收合格后支付工程价款。该设备于当日停止使用，开始进行改良。

（4）2022年3月12日，改良工程完工并验收合格，该公司以银行存款支付工程总价款25万元。当日，改良后的设备投入使用，预计尚可使用8年，采用直线法计提折旧，预计净残值为16万元。2021年12月31日，该设备未发生减值。

（5）2023年12月31日，该设备因遭受自然灾害发生严重毁损，该公司决定进行处置，取得残料变价收入10万元、保险公司赔偿款30万元，发生清理费用3万元。上述款项均以银行存款收付，不考虑其他相关税费。

要求：编写该公司相关会计分录。

3. 某公司为增值税一般纳税人，其存货和机器设备适用的增值税税率均为13%。2020年至2023年，该公司发生的与固定资产相关的业务资料如下：

（1）2020年1月1日开始安装一条生产线。购入该生产线所需的各种设备，共支付价款800万元，增值税税额为104万元，另发生运费10万元（不考虑进项税额抵扣问题），运输途中发生保险费70万元，款项已通过银行存款支付。在安装过程中领用原材料100万元，其进项税额为13万元，共发生人工成本100万元（假定全部为计提安装工人工资），安装期间确认的借款费用为5万元。为使该生产线正常运转，公司以银行存款支付测试费8万元、外聘专业人员服务费12万元，同时支付员工培训费8万元。2020年6月30日，该生产线完工并投入使用。该生产线整体预计使用寿命为10年，预计净残值为0，采用年限平均法计提折旧。

（2）2021年12月31日，该公司对该生产线计提减值准备35万元。2022年1月10日，该生产线中的某台设备因人员操作失误报废，公司对该生产线进行改造。该报废设备的原值为220万元，未单独确认为固定资产。同日，该公司购入替换的新设备，购买价款为240万元（不含增值税），增值税税额为31.2万元，另发生安装费用5万元，以银行存款支付。旧设备的处置价款为8万元。2022年6月30日，新设备安装完成。该生产线整体预计剩余使用寿命为8年，预计净残值为0，采用年限平均法计提折旧。

（3）2023年6月30日，由于技术进步等原因，该公司董事会决定从2023年7月1日起，将该生产线的预计使用寿命由改造后的8年改为6年，同时改按年数总和法计提折旧。

要求：

（1）计算2020年该生产线安装完毕达到预定可使用状态时的初始入账价值，并编写相关的会计分录。

（2）计算2022年该生产线改造完毕达到预定可使用状态时的账面价值，并编写相关的会计分录。

（3）简述 2023 年该公司变更该生产线折旧年限的处理原则，计算该公司 2023 年因该生产线应该计提的折旧金额。

第四章　无形资产核算

一、名词解释

1. 无形资产

2. 开发阶段

二、填空题

1. 外购无形资产的成本，包括购买价款、__________以及直接归属于使该项资产实现预定用途所发生的其他支出。

2. 无形资产通常按照__________进行初始计量。

3. 如果确实无法在土地使用权与地上建筑物之间进行合理分配，应当将其全部作为__________进行确认和计量。

4. 对于企业自行研究开发项目，应当区分__________和__________分别进行核算。

5. 研究阶段的支出应当进行__________化处理。

6. 对于同一项无形资产在开发过程中达到资本化条件之前已经费用化并计入__________的支出，应不再进行调整。

7. 如果企业能够证明开发阶段的支出符合资本化条件，应当将其计入__________。

8. 无形资产的后续计量以其__________为基础。

9. 无法预见无形资产经济利益期限的资产，应当视为使用寿命__________的无形资产。

10. 如果有证据表明无形资产的使用寿命与以前估计不同，应当改变其摊销期限，并按照__________变更进行处理。

11. __________是指无形资产的成本扣除预计净残值后的金额。

12. 企业让渡无形资产使用权形成的租金收入应记入__________科目。

13. 如果无形资产预期不能为企业带来经济利益，则应将其报废并予__________。

三、单项选择题

1. 下列关于房地产开发企业土地使用权会计处理的表述中，不正确的是（　　）。

A. 收到股东作为出资投入的土地使用权，准备自用，应按照公允价值确认为无形资产

B. 以出让方式取得一宗土地使用权，准备建造自营商业设施，应按照实际成本确认为无形资产

C. 以出让方式取得一宗土地使用权，准备建造对外出售的住宅小区，应按照实际成本确认为无形资产

D. 以出让方式取得一宗土地使用权，准备建造自用办公楼，应按照实际成本确认为无形资产

2. 下列关于无形资产的表述中，正确的是（　　）。

A. 企业自创商誉、自创品牌可以确认为无形资产

B. 支付土地出让金获得的土地使用权应确认为无形资产

C. 企业内部研究开发项目开发阶段的支出应全部确认为无形资产

D. 企业长期积累的客户关系属于企业的无形资产

3. 2023 年 1 月 1 日，A 公司从 B 公司购入一项无形资产。按照协议，A 公司采用分期付款方式购入，合同价款为 2 000 万元。从 2023 年年末开始，A 公司每年年末付款 400 万元，5 年付清。2023 年 1 月 3 日，A 公司以现金支付测试费 50 万元。1 月 6 日，该资产达到预定用途。假定银行同期贷款年利率为 5%。不考虑相关税费等因素，该项无形资产的入账价值为（　　）万元。［提示：（*P/A*，5%，5）= 4. 329 5］

A. 2 050　　B. 1 781. 8　　C. 1 731. 8　　D. 2 000

4. 购买无形资产的价款超过正常信用条件延期支付，实质上具有融资性质的，无形资产的成本应以（　　）为基础确定。

A. 全部购买价款

B. 全部购买价款的现值

C. 对方提供的凭据上标明的金额

D. 市场售价

5. 下列有关自行开发无形资产发生的研发支出处理方法的表述中，不正确的是（　　）。

A. 企业自行开发无形资产发生的研发支出，不满足资本化条件的，应借记“管理费用”科目；满足资本化条件的，应借记“无形资产”科目

B. 企业自行开发无形资产发生的研发支出，不满足资本化条件的，应借记“研发支出——费用化支出”科目

C. 企业自行开发无形资产发生的研发支出，期末应将“研发支出——费用化支出”科目的余额，转入“管理费用”科目

D. 企业自行开发无形资产发生的研发支出，当研究开发项目达到预定用途时，应将“研发支出——资本化支出”科目的余额转入无形资产

6. 下列关于无形资产相关处理的表述中，不正确的是（　　）。

A. 具有融资性质、分期付款购入的专利权应以支付总价款的现值和相关税费之和入账

B. 自行研发成本管理软件时，发生的支出先通过“研发支出”科目核算

C. 自行研发成本管理软件时，研究阶段的支出全部计入无形资产成本

D. 自行研发无形资产时，申请专利支付的申请费、律师费应计入无形资产成本

7. 下列关于自行开发无形资产的表述中，不正确的是（　　）。

A. 研究和开发阶段的目标不同、对象不同、风险不同、结果不同

B. 研究阶段的支出，应于发生时记入“研发支出”科目，期末再将该科目归集的费用化支出金额转入“管理费用”科目

C. 完成某项无形资产以使其能够使用或出售，在技术上具有可行性，且具有完成该无形资产并使用或出售的意图的内部开发支出，不一定属于资本化支出

D. 为运行无形资产所发生的培训支出应予以资本化，记入“研发支出——资本化支出”科目

8. 某公司自 2022 年年初开始自行研究开发一项新专利技术。2023 年 7 月，该专利技术研发成功，达到预定用途。2022 年，在研究开发过程中发生材料费 200 万元、人工工资 50 万元、其他费用 30 万元，共计 280 万元，其中，符合资本化条件的支出为 200 万元。2023 年，在研究开发过程中发生材料费 100 万元、人工工资 30 万元、其他费用 20 万元，共计 150 万元，其中，符合资本化条件的支出为 120 万元。研发形成的无形资产摊销期限为 5 年，采用直线法摊销。假设该公司于每年年末或开发完成时将不符合资本化条件的开发支出转入管理费用，不考虑相关税费，相关业务对 2023 年损益的影响为（　　）万元。

A. 110　　B. 94　　C. 30　　D. 62

9. 某公司于 2020 年 7 月 1 日购入一项无形资产，初始入账价值为 600 万元。该无形资产预计使用年限为 10 年，采用直线法摊销。2021 年年末预计可收回金额为 493 万元，2022 年 12 月 31 日预计可收回金额为 375 万元。该公司于每年年末计提无形资产减值准备，计提减值准备后该无形资产原预计使用年限、摊销方法不变。2023 年年末该无形资产的账面价值为（　　）万元。

A. 325　　B. 375　　C. 435　　D. 493

10. 某公司 2021 年自行研究开发一项新产品专利技术。在研究开发过程中，发生的材料费用为 448 万元，人工费用为 150 万元，其他费用为 200 万元。上述费用中 598 万元符合资本化条件。2022 年年初，该专利技术已经达到预定用途，并成功获得专利权，发生注册申请费 2 万元，以银行存款支付。该专利权预计使用寿命为 8 年，预计 8 年后该专利权尚可实现处置净额 50 万元。2023 年年末该专利权发生贬值，预计可收回价值为 240 万元，预计残值为 0。2023 年年末，该项专利权应计提减值准备（　　）万元。

A. 222. 5　　B. 210　　C. 195　　D. 123. 6

11. 下列关于无形资产残值确定的表述中，不正确的是（　　）。

A. 估计无形资产的残值应以资产处置时的可收回金额为基础确定

B. 残值确定以后，在持有无形资产的期间，至少应于每年年末进行复核

C. 使用寿命有限的无形资产一定无残值

D. 无形资产的残值重新估计以后高于其账面价值的，无形资产不再摊销，直至残值降至低于账面价值时再恢复摊销

12. 某公司 2018 年自行研究开发一项新产品专利技术，在研究开发过程中，发生的材料费用为 448 万元，人工费用为 150 万元，其他费用为 200 万元。上述费用中 598 万元符合资本化条件。2019 年年初，该专利技术已经达到预定用途，并成功申请专利权，发生注册申请费 2 万元，以银行存款支付。该专利权预计使用寿命为 8 年，预计 8 年后该专利权尚可实现处置净额 50 万元。2020 年年末，该专利权发生贬值，预计可收回价值为 240 万元，预计残值为 0。2023 年年末，该专利权的可收回价值为 190 万元，预计残值为 0。2024 年 1 月，该公司出售该项专利权，实收款项 150 万元存入银行。税法规定，专利权转让免征增值税。该公司出售此专利权的损益额为（　　）万元。

A. 23　　B. -40　　C. 30　　D. 22.5

13. 2022 年 6 月 15 日，某公司预计其一项管理用专利技术不能再为企业带来经济利益，遂将其账面价值转销。该项专利技术系 2019 年 6 月 20 日购入，原价为 1 440 万元，预计使用年限为 6 年，无残值，采用直线法摊销，未计提减值准备。假定不考虑相关税费，则下列 2022 年度的会计处理中正确的是（　　）。

A. 确认管理费用 100 万元，确认营业外支出 720 万元

B. 确认管理费用 120 万元，确认营业外支出 720 万元

C. 确认管理费用 100 万元，确认其他业务成本 700 万元

D. 确认生产成本 120 万元，确认营业外支出 700 万元

四、多项选择题

1. 某公司为从事房地产开发业务的上市公司。2021 年 1 月 1 日，该公司外购位于甲地块上的一栋写字楼，作为自用办公楼，甲地块的土地使用权能够单独计量。2021 年 3 月 1 日，该公司购入乙地块和丙地块，分别用于开发对外出售的住宅楼和写字楼。至 2022 年 12 月 31 日，该住宅楼和写字楼尚未开发完成。2022 年 1 月 1 日，该公司购入丁地块，作为办公区的绿化用地。至 2022 年 12 月 31 日，丁地块的绿化已经完成。假定不考虑其他因素，2022 年 12 月 31 日不应单独确认为无形资产（土地使用权）的有（　　）。

A. 甲地块的土地使用权　　B. 乙地块的土地使用权

C. 丙地块的土地使用权　　D. 丁地块的土地使用权

2. 外购无形资产的成本不包括（　　）。

A. 购买价款

B. 为引入新产品进行宣传发生的广告费

C. 管理费用

D. 无形资产实现预定用途以后发生的费用

3. 下列选项中，不属于企业无形资产的是（　　）。

A. 持有以备增值后转让的土地使用权　　B. 企业自创的商誉

C. 经营租入的无形资产　　　　　　　　　D. 有偿取得的经营特许权

4. 下列关于企业内部研究开发项目支出的表述中，不正确的有（　　）。

A. 应当区分研究阶段支出与开发阶段支出

B. 企业内部研究开发项目研究阶段的支出，应全部确认为无形资产

C. 企业内部研究开发项目开发阶段的支出，应当于发生时全部计入当期损益

D. 企业内部研究开发项目开发阶段的支出，可能确认为无形资产，也可能确认为费用

5. 企业自行研发无形资产可予以资本化的条件包括（　　）。

A. 归属于开发阶段的支出能够可靠地计量

B. 具有完成并使用或出售的意图

C. 有足够的技术、财务资源和其他资源支持，并有能力使用或出售该无形资产

D. 完成开发后，相关无形资产的使用或出售在技术上可行

6. 企业至少应当于每年年度终了，对使用寿命有限、使用寿命不确定的无形资产进行复核，其正确的会计处理方法有（　　）。

A. 使用寿命有限的无形资产，其使用寿命与以前估计不同的，应当改变摊销期限，按照会计估计变更的方法进行处理

B. 对使用寿命不确定的无形资产，如果有证据表明无形资产的使用寿命是有限的，应当估计其使用寿命

C. 使用寿命有限的无形资产，其摊销方法与以前估计不同的，应当改变摊销方法，按照会计估计变更的方法进行处理

D. 使用寿命有限的无形资产，其摊销方法不得变更，只能采用直线法摊销

7. 下列选项中，最终会引起无形资产账面价值发生增减变动的有（　　）。

A. 对无形资产计提减值准备

B. 对使用寿命有限的无形资产计提摊销

C. 企业内部研究开发项目研究阶段发生的支出

D. 企业内部研究开发项目开发阶段满足资本化条件的支出

8. 一般情况下，使用寿命有限的无形资产应当在其预计使用年限内摊销。但是，如果预计使用年限超过了相关合同规定的受益年限或法律规定的有效年限，则下列关于确定摊销年限的表述中，正确的有（　　）。

A. 合同规定受益年限，法律没有规定有效年限的，摊销年限不应该超过合同规定的受益年限

B. 没有明确的合同或法律规定无形资产使用寿命的，企业应当综合各方面情况并参考企业的历史经验，确定无形资产为企业带来未来经济利益的期限

C. 合同规定了受益年限，法律也规定了有效年限的，摊销年限选择二者中较短者

D. 合同没有规定受益年限，法律规定有效年限的，摊销年限不应该超过法律规定的有效年限

9. 下列关于使用寿命不确定的无形资产的表述中，正确的有（　　）。

A. 当有证据表明其使用寿命有限时，应作为前期差错更正处理

B. 至少应当于每年年度终了进行减值测试

C. 每个会计期间应对其使用寿命进行复核

D. 采用直线法进行摊销

10. 2017 年 12 月 1 日，某股份有限公司以银行存款 300 万元购入一项商标权（不考虑相关税费）。该无形资产的预计使用年限为 10 年。2021 年 12 月 31 日，预计该无形资产的可收回金额为 142 万元。该无形资产发生减值后，原预计使用年限不变。2022 年 12 月 31 日，预计该无形资产的可收回金额为 129.8 万元。假定原预计使用年限不变。2023 年 4 月 1 日，该公司将该无形资产对外出售，售价为 100 万元，增值税为 6 万元，收入存入银行。根据上述资料，下列表述中正确的有（　　）。

A. 2021 年年末该无形资产的摊余价值为 177.5 万元

B. 2022 年该无形资产的摊销额为 24 万元

C. 2023 年 3 月 31 日该无形资产的摊余价值为 147.5 万元

D. 该无形资产出售形成的资产处置损益为 12 万元

11. 下列关于无形资产处置的说法中，正确的有（　　）。

A. 无形资产预期不能为企业带来经济利益的，应当将该无形资产的账面价值予以转销，计入当期管理费用

B. 企业出售无形资产的，应将所取得的价款与该无形资产账面价值以及出售该项资产发生的相关税费之和的差额计入当期损益

C. 企业将所拥有的专利技术使用权转让后，仍应按期对其成本进行摊销，摊销金额计入管理费用

D. 企业将所拥有的专利技术使用权转让后，发生的与转让相关的费用支出应该计入其他业务成本

12. 下列事项中，可能影响当期利润表中营业利润的有（　　）。

A. 对专利权计提减值准备

B. 出租商标权取得租金收入

C. 宣传新产品发生相关广告费用

D. 为使非专利技术达到预定用途支付相关专业服务费用

五、判断题

1. 工业生产企业购入的土地使用权，应先按实际支付的价款计入无形资产，待土地使用权用于自行开发建造厂房等地上建筑物时，再将其账面价值转入相关在建工程成本。（　　）

2. 客户关系、人力资源等也能给企业带来未来的经济利益，所以要确认为无形资产。（　　）

3. 如果计算机软件是相关硬件不可缺少的组成部分，则该软件应单独确认为无形资产。（　　）

4. 无法区分研究阶段支出和开发阶段支出时，应当将其所发生的研发支出全部资本

化，计入无形资产成本。（　　）

5. 对于同一项无形资产在开发过程中达到资本化条件之前已经费用化并计入当期损益的支出，需要追溯调整。（　　）

6. 如果某项无形资产的预计使用年限没有超过相关合同规定的受益年限或法律规定的有效年限，则该无形资产应在其预计使用年限内按照直线法进行摊销。（　　）

7. 对于使用寿命不确定的无形资产，在持有期间内不需要摊销，但需要至少于每一会计期末进行减值测试。对于使用寿命有限的无形资产，会计期末不需要进行减值测试。（　　）

8. 企业取得的无形资产，均应自其可供使用时开始摊销，至终止确认时停止摊销。（　　）

9. 企业出租无形资产取得的租金收入和出售无形资产的净收入，均应计入营业外收入。（　　）

10. 无形资产转销时，已计提的减值准备应冲减资产减值损失。（　　）

11. 无形资产预期不能为企业带来未来经济利益的，应当将该无形资产的账面原价予以转销，计入营业外支出。（　　）

六、简答题

1. 无形资产具有哪些特征？

2. 无形资产的确认条件有哪些？

3. 研究阶段的特点是什么？

4. 研究与开发阶段支出应如何确认？

5. 无形资产的使用寿命应如何确定？

6. 无形资产的残值在哪些情况下不为 0？

7. 简述无形资产出租的会计处理规定。

8. 简述无形资产报废的会计处理规定。

七、案例分析题

1. 2021 年 1 月 1 日，甲公司董事会批准研发某项新产品专利技术，有关资料如下：

（1）2020 年 12 月 18 日，甲公司从乙公司购入一套设备，专门用于该研发项目，甲公司支付该设备价款 134 万元。合同规定，乙公司派出专业人员进行该设备的安装调试并提供相关咨询服务。为此，甲公司需另支付相关专业服务费用及测试费 16 万元。2020 年 12 月 25 日，该软件达到预定用途，相关款项于当日全部支付。

甲公司对该设备采用直线法计提折旧，预计该新产品专利技术项目将于2023年年底研发成功。假定研发成功后，该设备无其他用途，且不能转让或出售，预计净残值为0。

（2）2021年，甲公司该研发项目共发生材料费用50万元、工资费用200万元。上述费用均属于研究阶段支出，工资费用已用银行存款支付。

（3）2022年年初，研究阶段结束，进入开发阶段。该项目在技术上已具有可行性，甲公司管理层明确表示将继续为该项目提供足够的资源支持。该新产品专利技术研发成功后，将立即投产。假设开发阶段发生的支出全部可以资本化，为此，甲公司于2022年1月1日向银行专门借款1 000万元，期限为3年，年利率为12%，每年年底付息。

（4）2022年，该研发项目共发生材料费用300万元、工资费用230万元，工资费用已用银行存款支付。

（5）2023年，该研发项目共发生材料费用200万元、工资费用100万元，工资费用已用银行存款支付。

（6）2023年6月，该研发项目已基本研发成功，甲公司在申请专利时发生注册费、律师费等相关费用15万元。7月1日，该项专利技术达到预定用途，甲公司从当日起将其用于产品生产。

假定不考虑相关税费及专门借款闲置资金的利息收入或投资收益。

要求：

（1）编写2021年的有关会计分录。

（2）编写2022年的有关会计分录。

（3）编写2023年的有关会计分录。

2. 甲公司2021年至2022年发生的有关无形资产的业务如下：

（1）2021年年初，外购一项房地产，包括A土地使用权和地上建筑物，由于土地和建筑物未单独标价，甲公司一并支付了购买价款450万元。经评估，该土地使用权的公允价值为300万元，建筑物的公允价值为200万元。

（2）甲公司取得房地产之后将其作为自用厂房核算，对于土地使用权和地上建筑物采用直线法计提摊销和折旧。土地使用权预计使用寿命为60年，预计净残值为0；地上建筑物预计使用寿命为30年，预计净残值为0。

（3）2022年年末，甲公司进行减值测试时发现，该土地使用权出现了减值迹象，预计可收回金额为212万元。减值后，预计使用寿命变为55年，原摊销方式和净残值不变。

要求：

（1）不考虑其他因素，计算甲公司购入房地产时，土地使用权和建筑物的入账价值。

（2）不考虑其他因素，计算2022年年末建筑物和土地使用权的账面价值，以及土地使用权应计提的减值金额。

3. 甲公司属于增值税一般纳税人，有关业务资料如下：

（1）2021 年 1 月 2 日，甲公司从乙公司购买一项无形资产。由于甲公司资金周转比较紧张，经与乙公司协商，采用分期付款方式支付款项。合同规定，该项无形资产总计 6 000 万元，首期款项 1 000 万元于 2021 年 1 月 2 日支付，其余款项在 2021 年年末至 2025 年年末的 5 年内平均支付，每年的付款日期为当年 12 月 31 日。该无形资产在购入时达到预定可使用状态。假定折现率为 10%。该无形资产预计使用年限为 10 年，甲公司对其采用直线法摊销，预计净残值为 0。已知：（P/A，10%，5）= 3. 790 8。

2021 年 1 月 2 日、2021 年 12 月 31 日分别取得的增值税专用发票上注明的价款均为 1 000 万元，增值税进项税额均为 60 万元，款项已经支付。

（2）2022 年 1 月 2 日，甲公司与丙公司签订转让协议，甲公司出售该项无形资产，转让价款为 5 500 万元。2022 年 1 月 5 日，甲公司办妥相关资产转移手续并收到丙公司支付的款项 5 830 万元（含增值税 330 万元）。同日，甲公司与丙公司办理完成了转让手续。

要求：不考虑其他因素，根据上述资料，编写甲公司相关会计分录。

第五章　长期股权投资核算

一、名词解释

1. 长期股权投资

2. 重大影响

二、填空题

1. 根据我国相关会计准则，投资方能对被投资单位实施控制的长期股权投资，会计核算采用__________法；能实施共同控制或施加重大影响的长期股权投资，会计核算采用__________法。

2. 非同一控制下的企业合并中，购买方为了取得对被购买方的控制权而放弃的资产、发生或承担的负债、发行的权益性证券等均应按其在购买日的__________计量。

3. 以发行权益性证券方式取得被投资单位股权的，与发行权益性证券相关的佣金、手续费等应从相关发行收入中扣减，即依次冲减__________账户金额和__________。

4. __________是指按照相关约定对某项安排共有的控制，并且该安排的相关活动必须经过分享控制权的参与方一致同意后才能决策。

5. 投资方全部处置按权益法核算的长期股权投资时，原按权益法核算的相关其他综合收益应当在终止采用权益法核算时全部计入__________。

6. 成本法下收到投资时已宣告但尚未发放的现金股利时，应贷记__________。

7. 权益法下被投资方实现净利润时，投资方应按份额贷记__________。

8. 核算方法由成本法改为权益法时，应采用__________法进行相关会计处理。

三、单项选择题

1. 下列选项中，不属于《企业会计准则第 2 号——长期股权投资》核算范畴的是（　　）。

A. 对子公司的投资

B. 投资企业持有的对被投资单位不能实施控制、共同控制或施加重大影响，并且在活跃市场中没有报价、公允价值无法可靠计量的权益性投资

C. 对联营企业的投资

D. 对合营企业的投资

2. 甲公司2023年1月1日购入乙公司30%的股份，对乙公司能够施加重大影响。甲公司以银行存款支付购买价款1 900万元，同时支付相关税费20万元。甲公司购入乙公司股份后准备长期持有，乙公司2023年1月1日的所有者权益账面价值总额为6 000万元，乙公司可辨认净资产的公允价值为6 500万元。甲公司应确认的长期股权投资初始投资成本为（　　）万元。

A. 1 900　　B. 1 920　　C. 1 800　　D. 1 950

3. 非同一控制下的企业合并中，关于发生的法律服务费、评估咨询费等中介费用的会计处理，正确的是（　　）。

A. 计入长期股权投资成本　　B. 记入“资本公积”科目

C. 记入“投资收益”科目　　D. 记入“管理费用”科目

4. 2023年3月15日，甲公司以一项专利权和银行存款150万元投资设立N公司，占N公司注册资本的80%，对N公司形成控制。该专利权的账面原价为5 000万元，已计提累计摊销350万元，已计提无形资产减值准备200万元，公允价值为4 500万元。不考虑其他相关税费，甲公司的合并成本为（　　）万元。

A. 5 000　　B. 4 650　　C. 4 600　　D. 4 000

5. 甲公司持有乙公司30%的有表决权股份，采用权益法核算。2023年1月1日，该项长期股权投资的账面价值为3 600万元，其中成本为3 000万元，损益调整为200万元，其他权益变动为400万元。2023年1月1日，甲公司自乙公司其他股东购入乙公司50%的股权，支付价款2 000万元。甲公司当日取得控制权，核算方法由权益法转为成本法。当日乙公司可辨认净资产的公允价值为9 000万元。假设该交易属于多次交易分步实现非同一控制下的企业合并，并且两次交易不构成一揽子交易，则2023年甲公司购买日的初始投资成本为（　　）万元。

A. 5 600　　B. 2 000　　C. 3 600　　D. 7 200

6. 2021年年初，甲公司取得乙公司40%的股权，采用权益法核算，入账价值为2 000万元。甲公司另有一项对乙公司的长期应收款500万元，该债权没有明确的清收计划且在可预见的未来期间不准备收回。乙公司2021年发生净亏损7 000万元，2022年获得净利润1 500万元。假定甲公司投资时，乙公司各资产的公允价值等于账面价值，甲乙双方采用的会计政策、会计期间相同。不考虑其他因素，2022年12月31日甲公司该项长期股权投资的账面价值为（　　）万元。

A. 2 000　　B. -800　　C. 0　　D. 200

7. 关于同一控制下的企业合并形成的长期股权投资，下列表述中正确的是（　　）。

A. 初始投资成本为支付的现金、转让非现金资产及所承担债务的账面价值

B. 对于合并方取得的净资产账面价值份额与支付对价账面价值（或发行股份面值总额）的差额，应先调整资本公积（资本溢价或股本溢价），资本公积（资本溢价或股本溢价）不足以冲减再调整留存收益

C. 直接相关费用均应计入初始投资成本

D. 同一控制下的企业合并，是指参与合并的各方在合并后受同一方或相同的多方最终控制，且该控制并非暂时性的

8. 下列关于长期股权投资的说法中，正确的是（　　）。

A. 企业无论以何种方式取得长期股权投资，支付的审计费、咨询费等中介费用都应计入成本

B. 长期股权投资取得的现金股利均应计入投资收益

C. 企业以发行权益性证券方式取得长期股权投资的，支付的发行费用应该冲减资本公积中的资本溢价。在无溢价或溢价不足以扣减时，应冲减留存收益

D. 长期股权投资初始投资成本等于入账价值

9. 2022 年 1 月 1 日，甲公司以 1 000 万元银行存款自非关联方处取得乙公司 60% 的股权，能够对乙公司实施控制。2023 年 3 月 1 日，乙公司向非关联方丙公司定向增发新股，增资 2 100 万元，相关手续于当日完成。甲公司对乙公司持股比例下降为 30%，丧失控制权，但仍具有重大影响。不考虑其他因素，2023 年 3 月 1 日，甲公司因该事项应计入当期损益的金额为（　　）万元。

A. 0　　B. 130　　C. 330　　D. 230

四、多项选择题

1. 在非企业合并情况下，应作为取得长期股权投资时初始投资成本入账的有（　　）。

A. 为取得长期股权投资而发生的审计费用

B. 投资时支付的不含应收股利的价款

C. 投资时支付款项中所含的已宣告而尚未领取的现金股利

D. 投资时支付的与投资直接相关的税金、手续费

2. 长期股权投资业务中发生的交易费用可能（　　）。

A. 计入负债　　B. 冲减所有者权益

C. 计入费用　　D. 计入长期股权投资取得成本

3. 长期股权投资的投资方持有被投资方的股份，属于下列选项中的（　　）。

A. 具有重大影响　　B. 共同控制

C. 控制　　D. 不具有重大影响

4. 企业合并中的公允对价包括（　　）。

A. 换出资产的公允价值　　B. 承担债务的公允价值

C. 发行证券的公允价值　　D. 交易费用

5. 企业按成本法核算时，下列事项中不会引起长期股权投资账面价值变动的有（　　）。

A. 被投资单位以资本公积转增资本

B. 持有期间被投资单位宣告分派现金股利

C. 期末计提长期股权投资减值准备

D. 被投资单位实现净损益

6. 下列有关长期股权投资处置的说法中，正确的有（　　）。

A. 处置采用成本法核算的长期股权投资时，其账面价值与实际取得价款的差额应当计入当期损益

B. 采用权益法核算的长期股权投资，因被投资单位除净损益、其他综合收益和利润分配以外所有者权益的其他变动而计入所有者权益的，处置时应当将原计入所有者权益部分的金额按相应比例转入当期损益

C. 处置采用成本法核算的长期股权投资时，其账面价值与实际取得价款的差额应当计入所有者权益

D. 采用权益法核算的长期股权投资，因被投资单位除净损益、其他综合收益和利润分配以外所有者权益的其他变动而计入所有者权益的，处置时不应将原计入所有者权益的部分转入当期损益，而应按其账面价值与实际取得价款的差额，计入当期损益

7. 因处置投资等原因导致对被投资单位由能够实现控制转为以公允价值计量时，下列说法中不正确的有（　　）。

A. 剩余股权的公允价值和账面价值之间的差额应计入当期的投资收益

B. 剩余股权按照原账面价值计量，不会产生损益

C. 处置价款和处置部分账面价值之间的差额应计入投资收益

D. 处置价款和处置部分账面价值之间的差额应计入资本公积

8. 甲公司与乙公司无关联方关系。甲公司 2022 年 4 月 1 日自二级股票市场购得乙公司 10%的股份，购买价为 180 万元，相关税费为 10 万元，所购股份划分为以公允价值计量且其变动计入其他综合收益的金融资产。当日乙公司可辨认净资产公允价值为 2 000 万元。乙公司 7 月 15 日宣告分红 50 万元，8 月 5 日实际发放。乙公司 2022 年实现净利润 200 万元，假定利润在各月间均衡分布。2022 年年末，甲公司所持乙公司股份的公允价值为 230 万元。2023 年 4 月 1 日，甲公司再次自二级股票市场买入乙公司 50%的股份，购买价款为 1 200 万元，相关税费为 50 万元，对乙公司实现了控制。当天原 10%股份的公允价值为 240 万元，乙公司可辨认净资产的公允价值为 3 000 万元。甲公司按 10%比例提取法定盈余公积，则下列关于甲公司的表述中正确的有（　　）。

A. 2022 年年末其他权益工具投资账面余额应调至 230 万元

B. 2023 年 4 月 1 日应确认的投资收益为 50 万元

C. 2023 年 4 月 1 日对乙公司的长期股权投资的初始投资成本为 1 440 万元

D. 2023 年 4 月 1 日合并角度确认的营业外收入为 360 万元

9. 下列关于长期股权投资核算方法转换的表述中，正确的有（　　）。

A. 将长期股权投资核算方法自成本法转为权益法的，应按转换时该项长期股权投资的账面价值作为按权益法核算的初始投资成本

B. 将长期股权投资核算方法自成本法转为权益法的，应按转换时该项长期股权投资的公允价值作为按权益法核算的初始投资成本

C. 将长期股权投资核算方法自成本法转为权益法的，剩余股权投资的初始投资成本小于应享有被投资单位可辨认净资产公允价值份额的差额应计入营业外收入或留存收益

D. 因增资导致长期股权投资核算方法自权益法转为非同一控制下成本法的，其在购买日的初始投资成本为原权益法下的账面价值加上新取得股权所付对价的公允价值

五、判断题

1. 甲公司出资500万元取得乙公司40%的股权，合同约定乙公司董事会2/3的人员由甲公司委派，且其董事会能够控制乙公司的经营决策和财务，则甲公司对该项长期股权投资应采用权益法核算。（　　）

2. 对于同一控制下的控股合并，合并方应以所取得的对方相对于最终控制方而言的账面净资产份额作为长期股权投资成本。（　　）

3. 甲公司购入乙公司5%的股份，投资后甲公司对乙公司不具有重大影响，则甲公司不应将该交易作为长期股权投资核算。（　　）

4. 处置长期股权投资时，不同时结转已计提的长期股权投资减值准备，待期末一并调整。（　　）

5. 由于减资造成长期股权投资由权益法核算转为以金融资产核算的，处置后的剩余股权应当改按金融工具确认和计量，其在丧失共同控制或重大影响之日的公允价值与账面价值之间的差额应计入当期损益。（　　）

6. 企业的长期股权投资采用权益法核算的，初始投资成本大于投资时应享有被投资单位可辨认净资产公允价值份额的，不调整已确认的初始投资成本。（　　）

7. 同一控制下，当金融资产转换为以成本法核算的长期股权投资（不构成一揽子交易）时，应当以原股权投资的公允价值加上新增投资成本（公允价值）之和，作为改按成本法核算的初始投资成本。（　　）

六、简答题

1. 简述以货币资金取得长期股权投资时发生的交易费用的会计处理方法。

2. 如何对子公司长期股权投资进行初始计量？

3. 成本法和权益法有何区别？

4. 简述长期股权投资明细科目的核算范围。

七、案例分析题

1. 甲公司于2021年1月1日以855万元（含支付的相关费用1万元）购入乙公司股票400万股（每股面值1元），占乙公司实际对外发行的普通股股数的30%，甲公司采用权益法核算此项投资。2021年1月1日，乙公司可辨认净资产的公允价值为3 000万元。其中，有两项资产的公允价值与账面价值不一致：一是某存货公允价值为200万元，账面价值为300万元，当年出售了40%，2022年出售了40%，2023年将剩余的20%出售；二是某无形资产的公允价值为50万元，账面价值为100万元，该无形资产的预计剩余使用年限为10年，净残值为0，采用直线法摊销。除此之外，其他资产、负债的公允价值等于账面价值。

2021年，乙公司实现净利润300万元，提取盈余公积30万元。

2022年，乙公司发生亏损4 000万元。2022年，乙公司其他综合收益增加100万元。假定甲公司账上有应收乙公司的长期应收款20万元，且乙公司无任何清偿计划。

2023年乙公司在调整经营方向后扭亏为盈，当年实现净利润820万元。假定不考虑所得税和其他事项。

要求：编写从2021年至2023年甲公司对乙公司长期股权投资的会计分录。

2. 甲公司为上市公司，丙公司为其母公司，2021 年至 2023 年双方与股权投资相关的交易如下：

（1）2021 年 1 月 1 日，丙公司以发行 200 万股权益性证券的方式取得乙公司 40%的股权，对乙公司形成重大影响。乙公司当日所有者权益账面价值为 1 200 万元，与公允价值相等。其中，股本 600 万元，资本公积 150 万元，盈余公积 100 万元，未分配利润 350 万元。

丙公司发行的权益性证券面值为 1 元，发行价为 3 元，另发生发行费用 10 万元。丙公司与乙公司交易前不存在关联方关系。

（2）乙公司 2021 实现净利润 800 万元，提取盈余公积 80 万元，分配现金股利 20 万元，因以公允价值计量且其变动计入其他综合收益的金融资产的公允价值变动增加其他综合收益 60 万元。

（3）2022 年 1 月 1 日，丙公司又以一批库存商品为对价，取得乙公司 20%的股权，至此对乙公司形成控制。丙公司该批库存商品的公允价值为 380 万元，账面价值为 350 万元（其中已计提存货跌价准备 20 万元）。

当日丙公司原持有的 40%股权的公允价值为 980 万元。乙公司所有者权益账面价值为 2 040 万元，公允价值为 2 200 万元，差额为一项存货评估增值引起。

（4）乙公司 2022 年实现净利润 950 万元，提取盈余公积 95 万元，分配现金股利 30 万元。除此之外，未发生其他引起所有者权益变动的事项。至当年年末，评估增值的存货已对外出售 50%。

（5）2023 年 1 月 1 日，甲公司以一批土地使用权为对价，取得丙公司持有的乙公司 60%的股权，当日办理股权转移手续，甲公司取得乙公司控制权。甲公司该土地使用权的账面价值为 1 500 万元（其中已计提累计摊销 200 万元），公允价值为 1 900 万元。

（6）丙公司在 2021 年以前取得甲公司控制权，丙公司取得乙公司控制权不属于一揽子交易。三家公司均按照 10%提取法定盈余公积，不考虑增值税、所得税等因素影响。

要求：

（1）计算丙公司取得的乙公司 40%股权的入账价值，以及取得股权影响的所有者权益的金额，编写丙公司取得股权的相关会计分录。

（2）计算丙公司 2021 年年末长期股权投资账面价值，并编写后续计量的相关会计分录。

（3）判断丙公司取得乙公司控制权属于哪一类合并，计算丙公司应确认的初始投资成本和合并财务报表应确认的商誉，编写丙公司个别财务报表相关会计分录。

（4）计算 2022 年年末合并财务报表中乙公司相对于丙公司而言的净资产价值，并编写丙公司个别财务报表后续计量的相关会计分录。

（5）判断甲公司取得乙公司股权属于哪一类合并，计算甲公司初始投资成本，以及取得股权影响的资本公积的金额，并编写相关会计分录。

第六章　投资性房地产核算

一、名词解释

1. 投资性房地产

2. 自用房地产

二、填空题

1. 房地产开发企业销售的或为销售而正在开发的商品房和土地属于房地产开发企业的__________。

2. 土地使用权可以作为投资性房地产包括两种情形，即__________和持有并准备增值后转让。

3. 企业自用的办公楼属于__________性房地产。

4. 某项房地产部分用于赚取租金或资本增值，部分用于生产商品、提供劳务或经营管理。其中，能够单独计量和出售的、用于赚取租金或资本增值的部分，应当确认为__________。

5. 取得外购投资性房地产的实际成本应当包括购买价款、相关税费和可直接归属于该资产的__________。

6. 自行建造的投资性房地产，其成本由建造该项资产达到预定可使用状态前发生的__________构成。

7. 企业购入房地产，自用一段时间之后再改为出租或用于资本增值的，应当先将外购的房地产确认为__________或__________。

8. 与投资性房地产有关的后续支出，不满足投资性房地产确认条件的，应当在发生时计入__________。

9. 投资性房地产的后续计量模式有成本模式和__________模式。

10. 在取得租金收入时，应借记“银行存款”等科目，贷记__________科目。

11. 投资性房地产的计量模式由成本模式转为公允价值模式，应当作为__________处理。

12. 投资性房地产转换从方式上看，主要是固定资产、无形资产、__________与投资性房地产之间的转换。

13. 投资性房地产处置收入应记入__________科目。

14. 企业将非投资性房地产转换为以公允价值模式计量的投资性房地产时，账面价值和公允价值的差额如在借方，应记入__________科目。

15. 处置投资性房地产时，“其他综合收益”应结转至__________科目。

三、单项选择题

1. 下列选项中不属于投资性房地产的是（　　）。

A. 已出租的土地使用权

B. 持有并准备增值后转让的房屋建筑物

C. 已出租的建筑物

D. 持有并准备增值后转让的土地使用权

2. 企业持有投资性房地产的目的不包括（　　）。

A. 赚取租金　　B. 资本增值

C. 赚取租金和资本增值　　D. 自用

3. 某公司为一家多元化经营的综合性集团公司，不考虑其他因素，其纳入合并范围的子公司对所持有土地使用权的下列会计处理中，不符合会计准则规定的是（　　）。

A. 子公司甲为房地产开发企业，将持有的用于建造自用办公楼的土地使用权作为存货核算

B. 子公司乙将购入用于建造自用厂房的土地使用权作为无形资产核算

C. 子公司丙将持有的土地使用权对外出租，租赁开始日停止摊销并转为采用公允价值进行后续计量

D. 子公司丁将用作办公用房的外购房屋的价款按照房屋建筑物和土地使用权的相对公允价值分别确认为固定资产和无形资产，采用不同的年限计提折旧或摊销

4. 甲公司从事房地产开发经营业务，2022 年度发生的有关交易或事项如下：（1）因商品房滞销，董事会决定将两栋商品房用于出租；（2）收回租赁期满的一宗土地使用权，经批准用于建造办公楼；（3）收回租赁期满的商铺，并计划将其重新装修后继续用于出租。甲公司对出租的商品房、土地使用权和商铺均采用成本模式进行后续计量。下列关于甲公司对上述交易或事项所作会计处理的表述中，正确的是（　　）。

A. 商铺重新装修所发生的支出应直接计入当期损益

B. 重新装修完工并达到预定可使用状态的商铺应作为固定资产列报

C. 用于建造办公楼的土地使用权账面价值应计入所建造办公楼的成本

D. 商品房改为出租用房时，应将其账面价值作为投资性房地产的入账价值

5. 下列关于投资性房地产后续支出的说法中，不正确的是（　　）。

A. 投资性房地产的后续支出，满足资本化条件的，应当计入投资性房地产的成本

B. 投资性房地产的后续支出，不满足资本化条件的，应当计入当期损益

C. 企业对投资性房地产进行改扩建等再开发且将来仍作为投资性房地产的，在再开发期间，需要将投资性房地产的账面价值结转到“在建工程”账户

D. 采用成本模式计量的投资性房地产在再开发期间不计提折旧或摊销

6. 投资性房地产发生的费用化后续支出应记入（　　）科目。

A. “其他业务成本”

B. “投资性房地产——在建工程”

C. “资本公积”

D. “在建工程”

7. 某公司持有一处以成本模式计量的投资性房地产，由此，2022 年每月收到的租金为 500 万元，计提折旧金额为 200 万元，年末计提减值准备金额为 100 万元。不考虑其他因素，下列关于 2022 年该项投资性房地产的会计处理，不正确的是（　　）。

A. 每月贷记“其他业务收入”科目 500 万元

B. 每月借记“其他业务成本”科目 200 万元

C. 当年年末贷记“投资性房地产减值准备”科目 100 万元

D. 计提的减值准备以后期间可以转回

8. 甲公司将其一栋写字楼租赁给乙公司使用，并一直采用成本模式进行后续计量。2023 年 1 月 1 日，该项投资性房地产具备了采用公允价值模式计量的条件，甲公司决定将该投资性房地产从以成本模式计量变更为以公允价值模式计量。该写字楼的原价为 3 000 万元，已计提折旧 1 500 万元，计提减值准备 250 万元，当日该写字楼的公允价值为 3 500 万元。甲公司按净利润的 10%提取法定盈余公积。不考虑递延所得税等因素的影响，该事项对“利润分配——未分配利润”科目的影响金额为（　　）万元。

A. 2 025　　B. 2 250　　C. 0　　D. 1 800

9. 某公司投资性房地产采用公允价值模式计量。2023 年 1 月 1 日，该公司购入一幢建筑物用于出租。该建筑物的成本为 510 万元，用银行存款支付。建筑物预计使用寿命为 20 年，预计净残值为 10 万元。2023 年 12 月 31 日，该建筑物的公允价值为 508 万元。2023 年 12 月 31 日应作的相关会计处理为（　　）。

A. 借：其他业务成本　　125 000

　　贷：累计折旧　　125 000

B. 借：管理费用　　125 000

　　贷：累计折旧　　125 000

C. 借：投资性房地产——公允价值变动　　20 000

　　贷：公允价值变动损益　　20 000

D. 借：公允价值变动损益　　20 000

　　贷：投资性房地产——公允价值变动　　20 000

10. 下列关于以成本模式计量的投资性房地产的说法中，不正确的是（　　）。

A. 租金收入通过“其他业务收入”等科目核算

B. 在每期计提折旧或者摊销时，计提的折旧和摊销金额需要记入“管理费用”科目

C. 发生减值时，需要将减值的金额记入“资产减值损失”科目

D. 在满足一定条件时，可以转换为以公允价值模式进行后续计量

11. 下列关于投资性房地产转换日的说法中，不正确的是（　　）。

A. 将投资性房地产转为自用房地产的转换日为房地产达到自用状态，企业开始将房地产用于生产商品、提供劳务或者经营管理的日期

B. 作为存货的建筑物转为投资性房地产的转换日为租赁期开始日

C. 自用建筑物转为投资性房地产的转换日为决定对外出租的日期

D. 自用土地使用权停止自用改为用于资本增值的转换日，为停止将该土地使用权用于生产商品、提供劳务或者经营管理，且该土地使用权能够单独计量和转让的日期

12. 某公司处置一项以成本模式计量的投资性房地产，实际收到的金额为 500 万元，投资性房地产的账面余额为 400 万元，累计折旧 100 万元。不考虑其他因素，下列关于处置该项投资性房地产的会计处理，不正确的是（　　）。

A. 贷记“其他业务收入”科目 500 万元

B. 借记“其他业务成本”科目 300 万元

C. 贷记“投资性房地产”科目 400 万元

D. 贷记“营业外收入”科目 175 万元

13. 某公司将一栋写字楼转换为采用成本模式计量的投资性房地产。该写字楼的账面原值为 2 500 万元，已计提的累计折旧为 50 万元，已计提固定资产减值准备 150 万元，转换日的公允价值为 3 000 万元。不考虑其他因素，转换日该投资性房地产的账面价值是（　　）万元。

A. 3 000　　B. 2 300　　C. 2 500　　D. 2 450

14. 某公司采用公允价值模式对投资性房地产进行后续计量。2023 年 1 月 1 日，该公司将一项投资性房地产出售，售价为 520 万元。出售时该项投资性房地产的账面余额为 500 万元，其中成本为 520 万元，公允价值变动（贷方）为 20 万元。该项投资性房地产是由自用固定资产转换而来的，转换时公允价值大于原账面价值，差额为 30 万元。不考虑其他因素，处置时影响损益的金额合计（　　）万元。

A. 0　　B. 20　　C. 50　　D. 30

四、多项选择题

1. 下列关于房地产企业所持资产的说法中，正确的有（　　）。

A. 房地产企业正在开发的商品房属于存货

B. 房地产企业开发并准备出售的房屋属于存货

C. 房地产企业开发并已出租的房屋属于投资性房地产

D. 房地产企业拥有并自行经营的旅馆或饭店属于固定资产

2. 下列关于投资性房地产、固定资产和存货关系的说法中，正确的有（　　）。

A. 投资性房地产是为赚取租金或资本增值，或者两者兼有而持有

B. 固定资产是为生产商品、提供劳务、出租或者经营管理而持有

C. 存货是企业日常活动中持有以备出售的

D. 固定资产和存货不可以转换为投资性房地产

3. 下列选项中，不属于投资性房地产的有（　　）。

A. 房地产企业开发的准备出售的商品房

B. 以经营租赁方式租入后再转租的建筑物

C. 计划用于出租但尚未出租的土地使用权

D. 持有并准备增值后转让的土地使用权

4. 下列表述中正确的有（　　）。

A. 按照国家有关规定认定的闲置土地，其所有权不属于持有并准备转让的土地使用权

B. 某项投资性房地产部分用于出租，部分用于自用，能够区分的应分开核算出租部分和自用部分，不能区分的应全部作为投资性房地产核算

C. 某项投资性房地产部分用于出租，部分用于自用，不论是否能够区分，均应作为自用房地产核算

D. 某项投资性房地产部分用于出租，部分用于自用，能够区分的应分开核算出租部分和自用部分，不能区分的应全部作为自用房地产核算

5. 下列支出应计入自行建造投资性房地产成本的有（　　）。

A. 土地开发费　　B. 建筑成本

C. 安装成本　　D. 费用化的借款费用

6. 某公司 2023 年年初购入一栋公寓，购买价款为 4 500 万元。该公寓共 15 层，甲公司将 1~5 层对外出租，将 6~12 层开发为旅馆自行经营，将 13~15 层出租给本企业员工。假定每一层均能单独核算，其价值均是均衡的。不考虑其他因素的影响，下列会计处理中正确的有（　　）。

A. 将对外出租的部分确认为投资性房地产

B. 将自行经营的旅馆确认为固定资产

C. 将出租给本企业员工的部分确认为投资性房地产

D. 因购入该栋公寓应确认的投资性房地产初始计量金额为 2 400 万元

7. 下列关于投资性房地产后续支出会计处理的说法中，正确的有（　　）。

A. 投资性房地产后续支出分为资本化支出和费用化支出

B. 资本化支出计入投资性房地产成本，费用化支出计入当期损益

C. 资本化支出发生时，应首先将投资性房地产账面价值结转至“在建工程”账户

D. 费用化支出不影响投资性房地产账面价值

8. 下列有关投资性房地产的说法中，不正确的有（　　）。

A. 企业对投资性房地产采用公允价值模式计量的，存在减值迹象时，应当按照资产减值的有关规定进行减值测试

B. 企业对投资性房地产采用公允价值模式计量的，无须对投资性房地产计提折旧或进行摊销

C. 企业持有的采用公允价值模式计量的投资性房地产，公允价值高于账面余额的差额应计入其他业务收入

D. 企业对投资性房地产采用公允价值模式计量的，取得的租金收入一般计入其他业务收入

9. 某公司为一般生产企业，2022 年发生的与投资性房地产相关的业务如下：（1）1 月 1 日将一栋全新的写字楼对外出租，租赁期为 3 年，年租金 50 万元，每年年末收取；写字楼成本为 500 万元。（2）7 月 1 日对写字楼进行日常维护，发生支出 8 万元。（3）12 月 31 日，该写字楼评估的市价为 520 万元。该公司对投资性房地产采用公允价值模式进行后续计量。下列关于该公司 2022 年年末相关报表项目列示金额的说法，正确的有（　　）。

A. “投资性房地产”项目列示金额为 528 万元

B. “营业收入”项目列示金额为 50 万元

C. “营业成本”项目列示金额为 8 万元

D. “公允价值变动收益”项目列示金额为 20 万元

10. 甲公司为非房地产开发企业。2022 年 1 月，甲公司董事会作出决定，准备外购土地使用权，其中 A 块土地准备用于建造 A 座写字楼，建成后对外出租，并采用公允价值模式进行后续计量；B 块土地准备用于建造 B 座办公楼，建成后用于企业行政办公。2022 年 4 月，甲公司以出让方式购入上述土地使用权，其中 A 块土地使用权价款为 10 000 万元，B 块土地使用权价款为 20 000 万元。二者预计使用寿命均为 50 年，采用直线法摊销。2022 年 4 月开始建造 A 座写字楼和 B 座办公楼。2022 年 12 月末，A 块土地使用权公允价值为 15 000 万元，在建的 A 座写字楼无法确定其公允价值。不考虑其他因素，下列表述中正确的有（　　）。

A. 2022 年 4 月购入的 A 块土地使用权应确认为投资性房地产，并按 10 000 万元计量

B. 2022 年 4 月购入的 B 块土地使用权应确认为无形资产，并按 20 000 万元计量

C. 2022 年 12 月末 A 块土地使用权应确认投资性房地产公允价值变动 5 000 万元

D. 2022 年 12 月末 B 块土地使用权摊销额 300 万元应计入管理费用

11. 下列有关投资性房地产后续计量的表述中，正确的有（　　）。

A. 不同企业可以分别采用成本模式或公允价值模式

B. 满足特定条件时可以采用公允价值模式

C. 同一企业可以分别采用成本模式和公允价值模式

D. 同一企业不得同时采用成本模式和公允价值模式

12. 某公司将原采用公允价值模式计量的一栋出租用办公楼收回，作为企业的自用房地产处理。在收回前，该投资性房地产的“成本”明细科目余额为1 000万元，“公允价值变动”明细科目余额（贷方）为200万元。转换当日该资产的公允价值为900万元。关于该事项，下列说法正确的有（　　）。

A. 该资产在转换日影响损益的金额为100万元

B. 该资产在转换日影响损益的金额为0元

C. 转换时固定资产的入账价值是800万元

D. 对于投资性房地产持有期间产生的公允价值变动损益，在投资性房地产转换为固定资产时不用处理

13. 下列选项中，影响投资性房地产处置损益的有（　　）。

A. 投资性房地产原价

B. 投资性房地产转换时确认的其他综合收益

C. 投资性房地产处置收入

D. 投资性房地产持有期间累计计提的折旧

14. 下列关于投资性房地产转换后入账价值确定的说法中，正确的有（　　）。

A. 自用房地产转换为以成本模式计量的投资性房地产时，应按转换日的原价、累计折旧（或摊销）、减值准备等，分别转入投资性房地产、投资性房地产累计折旧（或摊销）、投资性房地产减值准备

B. 作为存货的房地产转换为以成本模式计量的投资性房地产时，应按该项存货在转换日的账面价值，借记“投资性房地产”科目

C. 存货转换为以公允价值模式计量的投资性房地产时，应将转换日的公允价值作为投资性房地产的入账价值

D. 自用房地产转换为以公允价值模式计量的投资性房地产时，应将转换日的公允价值作为投资性房地产的入账价值

15. 采用公允价值模式对投资性房地产进行后续计量的情况下，下列会计处理方法正确的有（　　）。

A. 将作为存货的房地产转换为投资性房地产的，应按其在转换日的公允价值，借记“投资性房地产——成本”科目；按其已计提存货跌价准备，借记“存货跌价准备”科目；按其账面余额，贷记“开发产品”等科目；按其差额，贷记“其他综合收益”科目或借记“公允价值变动损益”科目

B. 资产负债表日，投资性房地产的公允价值高于其账面余额的差额，应借记“投资性房地产——公允价值变动”科目，贷记“公允价值变动损益”科目

C. 将投资性房地产转为存货时，应按其在转换日的公允价值，借记“开发产品”等科目，结转“投资性房地产”科目的余额，按其差额贷记或借记“公允价值变动损益”科目

D. 出售投资性房地产时，除结转成本外，还应将公允价值变动损益和其他综合收益转入“其他业务收入”科目

五、判断题

1. 企业通过经营租赁方式租入的房地产，再转租的也属于投资性房地产范围。（　）

2. 生产企业开发并准备出售的房地产属于存货。（　）

3. 房地产企业持有的不同用途和目的的房地产均属于其存货。（　）

4. 企业外购的房地产，只有在购入的同时开始对外出租或用于资本增值，才能作为投资性房地产确认。（　）

5. 投资性房地产发生的日常维护支出，应于发生时计入“其他业务成本”科目。（　）

6. 采用成本模式和公允价值模式计量的投资性房地产，均以实际成本进行初始计量。（　）

7. 采用成本模式计量时，企业取得的投资性房地产均应于达到预定可使用状态后的下一个月开始计提折旧或摊销。（　）

8. 投资性房地产的计量模式可以由公允价值模式变更为成本模式。（　）

9. 成本模式下的投资性房地产公允价值变更金额应计入当期损益。（　）

10. 因房地产用途发生改变，企业将自用的房地产转换为投资性房地产后，不再计提折旧或进行摊销。（　）

11. 采用成本模式计量的情况下，将作为存货的房地产转换为投资性房地产的，应按其在转换日的账面余额，借记“投资性房地产”科目，贷记“库存商品”等科目。（　）

12. 企业出售、转让或报废投资性房地产时，应当将处置收入扣除其账面价值和相关税费后的金额计入所有者权益。（　）

13. 处置投资性房地产时，需要将公允价值变动损益结转至其他业务成本。（　）

14. 企业对投资性房地产的计量模式一经确定，不得变更。（　）

六、简答题

1. 投资性房地产的特征有哪些？

2. 投资性房地产的确认条件有哪些？

3. 简述投资性房地产的范围。

4. 企业自行建造的投资性房地产的成本由哪些内容构成？

5. 投资性房地产计量模式变更的原则是什么？

6. 采用公允价值模式计量投资性房地产应满足哪些条件？

7. 投资性房地产和非投资性房地产之间相互转换的会计处理原则有哪些？

8. 处置投资性房地产时应如何进行会计处理？

七、案例分析题

1. 2023 年 1 月 25 日，甲公司对所属某建筑物（属于投资性房地产，采用成本模式计量）进行装修，已知该建筑物入账价值为 800 万元，已计提折旧 200 万元，计提减值准备 40 万元，发生如下装修支出：领用生产用原材料 50 万元、人工费 20 万元、其他零星支出 10 万元。以上支出均符合资本化条件。2023 年 3 月 26 日，建筑物装修完工，达到预定可使用状态并交付使用。2023 年 5 月 20 日，建筑物发生日常维护费 6 万元。不考虑其他因素。

要求：编写上述装修业务的有关会计分录（单位：万元）。

2. 甲公司将自用的写字楼租赁给乙公司，租赁期为 1 年，年租金为 300 万元，租金于每年年末结清，租赁期开始日为 2022 年 1 月 1 日。租赁期间，由甲公司提供该写字楼的日常维护。该写字楼作为投资性房地产，入账价值为 2 000 万元，按直线法计提折旧，预计尚可使用 20 年，预计净残值为 0。假设从 2022 年 1 月 1 日开始计提折旧，甲公司采用成本模式对投资性房地产进行后续计量。

2022 年 12 月，该办公楼发生减值迹象。经减值测试，其可收回金额为 1 700 万元。2022 年共发生日常维护费用 40 万元，均以银行存款支付。

2023 年 1 月 1 日，甲公司决定于当日开始对该写字楼进行再开发，开发完成后将继续用于经营租赁。

2023 年 4 月 20 日，甲公司与丙公司签订经营租赁合同，约定自 2023 年 7 月 1 日起将写字楼出租给丙公司。租赁期为 2 年，年租金为 500 万元，租金每半年支付一次。

2023 年 6 月 30 日，该写字楼再开发完成，共发生支出 200 万元，均以银行存款支付。现预计该项投资性房地产剩余使用寿命为 25 年，预计净残值为 0，折旧方法仍为直线法（假定不考虑相关税费及其他相关因素的影响）。

要求：

（1）编写 2022 年 12 月 31 日该投资性房地产的有关会计分录（单位：万元）。

（2）编写 2023 年该投资性房地产再开发的有关会计分录（单位：万元）。

（3）编写 2023 年 12 月 31 日该投资性房地产的有关会计分录（单位：万元）。

3. 某公司是一家大型物流企业，每年按净利润的 10% 提取法定盈余公积。2012 年—2022 年发生如下经济业务：

（1）2012 年 12 月 31 日购置一栋办公楼，购买价为 1 000 万元，相关税费为 34 万元，预计使用寿命为 50 年，假定土地使用权与地上建筑物无法合理分割。该房产预计残值收入为 40 万元，预计清理费用为 6 万元。公司采用直线法对此房产计提折旧。

（2）2016 年 1 月 1 日，将该办公楼对外出租，租期为 10 年，每年年初收取租金 30 万元，当天起租。因同地段的房地产交易不活跃，无法合理获取房产的公允价格，公司采用成本模式对投资性房地产进行后续计量。

（3）2018 年年末，因国家宏观调控，此办公楼发生事实性贬值，预计可收回价值为

550 万元，预计使用期限未变，但预计净残值调整为 22 万元。

（4）2020 年年初，因此办公楼附近兴建开发区，周边房地产交易活跃。该公司据此将投资性房地产的计量模式改为公允价值计量模式，根据 2020 年年初周边房产的市场价格推定此办公楼的公允价值为 1 000 万元。

（5）2020 年年末，此办公楼的公允价值为 1 020 万元。

（6）2021 年年末，此办公楼的公允价值为 1 015 万元。

（7）2022 年年初，该公司将该办公楼出售，成交价为 1 300 万元，假设不考虑其他相关税费。

要求：

（1）计算该公司 2018 年年末计提办公楼减值准备额，并编写相关会计分录（单位：万元）。

（2）计算该公司 2019 年计提的折旧额。

（3）编写该公司 2020 年年初成本模式转为公允价值模式时的会计分录（单位：万元）。

（4）编写 2022 年该公司处置此房产时的会计分录（单位：万元）。

第七章　资产减值核算

一、名词解释

1. 资产减值

2. 处置费用

3. 资产组

二、填空题

1. 资产减值会计准则里的资产，规范的都是___________资产。

2. 如果资产存在发生减值的迹象，应当进行___________，估计资产的可收回金额。

3. 企业在资产负债表日应当判断资产是否存在可能发生减值的迹象，主要可从___________来源和___________来源两方面加以判断。

4. 资产可收回金额的估计，应当根据其公允价值减去处置费用后的净额与资产预计未来现金流量的现值两者之间___________确定。

5. 资产的公允价值是指市场参与者在计量日发生的___________中，出售一项资产所能收到的金额。

6. 预计资产未来现金流量的方法包括___________和___________。

7. 在资产减值测试中，计算资产未来现金流量现值时所采用的折现率应当是反映当前市场货币时间价值和资产特定风险的___________。

8. 资产组的认定应当以资产组产生的___________是否独立于其他资产或者资产组的现金流入为依据。

9. 资产组在计提减值准备时应首先抵减分摊至资产组中的___________的账面价值。

三、单项选择题

1. 下列不属于《企业会计准则第 8 号——资产减值》规定的减值计提范围的是（　　）。

A. 采用成本模式进行后续计量的投资性房地产

B. 对子公司、联营企业、合营企业的长期股权投资

C. 交易性金融资产

D. 固定资产

2. 下列资产中，无论是否存在减值迹象，至少应于每年年度终了对其进行减值测试的是（　　）。

A. 商誉　　B. 固定资产

C. 长期股权投资　　D. 投资性房地产

3. 当有迹象表明企业已经计提了减值准备的固定资产的减值因素消失时，其计提的减值准备应该（　　）。

A. 按照账面价值超过可收回金额的差额全部予以转回

B. 按照账面价值超过可收回金额的差额补提资产减值准备

C. 不进行会计处理

D. 按照账面价值超过可收回金额的差额在原来计提的减值准备范围内予以转回

4. 某公司对投资性房地产采用成本模式进行后续计量。2024 年 12 月 31 日，该公司的一项投资性房地产存在减值迹象，预计未来现金流量现值为 3 500 万元，公允价值减去处置费用后的净额为 3 700 万元。该项投资性房地产的账面原值为 6 000 万元，已计提折旧 1 500 万元，已计提减值准备 500 万元。该公司 2024 年应确认的减值损失为（　　）万元。

A. 300　　B. 500　　C. 0　　D. 800

5. 某公司有一项使用寿命不确定的无形资产，至 2024 年年末尚未计提减值准备，其账面原值为 500 万元。经预测，该资产的预计未来现金流量现值为 435 万元，当时的市场售价为 480 万元，该公司预计出售该无形资产将发生手续费等支出 25 万元。该无形资产的可收回金额为（　　）万元。

A. 435　　B. 480　　C. 410　　D. 455

6. 在对资产预计未来现金流量现值的估计中，下列对折现率的预计表述不正确的是（　　）。

A. 折现率应反映当前市场货币时间价值和资产特定风险的税后利率

B. 折现率的确定应当首先以该资产的市场利率为依据

C. 估计资产未来现金流量既可以使用单一的折现率，也可以在不同期间采用不同的折现率

D. 折现率可以是企业在购置资产或者投资资产时所要求的必要报酬率

7. 在计算资产公允价值减去处置费用后的净额时，下列项目中不应作为处置费用扣除的是（　　）。

A. 与资产处置有关的法律费用　　B. 与资产处置有关的相关税费

C. 与资产处置有关的所得税费用　　D. 与资产处置有关的搬运费

8. 下列关于资产组的表述中，不正确的是（　　）。

A. 在企业难以对单项资产的可收回金额进行估计的情况下，应当以该资产所属的资产组为基础确定资产组的可收回金额

B. 资产组应当由与创造现金流入相关的资产构成

C. 资产组组合是指由若干资产组组成的任意资产组组合

D. 资产组一经确定，在各个会计期间应保持一致，不得随意变更

9. 某公司经营一座有色金属矿山，根据规定，该公司在矿山完成开采后应当将该地区恢复原貌，为此该公司确认了预计负债 1 000 万元。2022 年 12 月 31 日，该公司发现矿山中的有色金属储量远低于预期，便对该矿山进行了减值测试。考虑到矿山的现金流量状况，整座矿山被认定为一个资产组。该资产组在 2022 年年末的账面价值为 3 500 万元（包括确认的恢复山体原貌的预计负债）。该公司如果于 2022 年 12 月 31 对外出售矿山（资产组），买方愿意出价 1 890 万元（包括恢复山体原貌成本，即已经扣减这一成本因素），预计处置费用为 30 万元，因此该矿山的公允价值减去处置费用后的净额为 1 860 万元。矿山的预计未来现金流量的现值为 2 650 万元，不包括恢复费用。根据上述资料，该公司对矿山计提的减值损失是（　　）万元。

A. 1 640　　B. 640　　C. 150　　D. 0

10. 某公司有 T、M、N 三家分公司作为 3 个资产组（资产组内各资产使用寿命均一致），账面价值分别为 600 万元、500 万元、400 万元，预计使用寿命分别为 10 年、5 年、5 年，总部资产为 300 万元。2022 年年末，该公司所处的市场发生重大变化，对企业产生不利影响，因此进行减值测试。假设总部资产能够根据各资产组的账面价值和剩余使用寿命加权平均计算的账面价值所占比重分摊至各资产组，则分摊总部资产后各资产组账面价值分别为（　　）。

A. 720 万元、600 万元、480 万元

B. 840 万元、600 万元、360 万元

C. 600 万元、500 万元、400 万元

D. 771. 43 万元、571. 43 万元、457. 14 万元

四、多项选择题

1. 下列情况中，表明资产可能出现减值迹象的有（　　）。

A. 有证据表明资产已经陈旧过时或者其实体已经损坏

B. 企业经营所处的经济、技术或者法律等环境以及资产所处的市场在当期或者将在近期发生重大变化，从而对企业产生不利影响

C. 企业内部报告的证据表明资产的经济绩效已经低于预期或者预计将低于预期

D. 资产已经闲置或者预计将被闲置、终止使用或者计划提前处置

2. 在下列资产减值准备中，以后期间可以转回的有（　　）。

A. 坏账准备　　B. 存货跌价准备

C. 固定资产减值准备　　D. 长期股权投资减值准备

3. 下列资产中，减值损失可以通过损益转回的有（　　）。

A. 贷款减值准备　　B. 长期股权投资

C. 坏账准备　　D. 债权投资减值准备

4. 下列方法中，可以用来估计资产的公允价值减去处置费用后的净额的有（　　）。

A. 根据公平交易中资产的销售协议价格减去可直接归属于该资产处置费用后的金额确定该净额

B. 在资产不存在销售协议但存在活跃市场的情况下，以资产的市场价格减去处置费用后的金额计算该净额

C. 如果不存在资产销售协议和资产活跃市场，根据在资产负债表日假定处置该资产且熟悉情况的交易双方自愿进行公平交易时愿意提供的交易价格减去处置费用后的金额确定该净额

D. 按该资产的预计未来现金流量现值减去资产负债表日处置资产的处置费用后的金额计算该净额

5. 预计资产未来现金流量时应该考虑的因素有（　　）。

A. 以资产的当前状况为基础预计资产未来现金流量

B. 预计资产未来现金流量不应包括筹资活动和所得税收付产生的现金流量

C. 对通货膨胀因素的考虑应当和折现率相一致

D. 内部转移价格应当予以调整

6. 关于资产组的减值测试，正确的处理方法包括（　　）。

A. 资产组的可收回金额低于其账面价值的，应当确认相应的减值损失

B. 减值损失金额应当先抵减分摊至资产组中商誉的账面价值，再根据资产组中除商誉之外的其他各项资产的账面价值所占比重，按比例抵减其他各项资产的账面价值

C. 资产账面价值的抵减，应当作为各单项资产（包括商誉）的减值损失处理，计入当期损益

D. 抵减后的各资产的账面价值不得低于该资产的公允价值减去处置费用后的净额（如可确定的）、该资产预计未来现金流量的现值（如可确定的）和零三者之中最高者

7. 在判断资产是否减值时，下列选项中应计入资产组账面价值的有（　　）。

A. 可直接归属于资产组，以及可以合理和一致地分摊至资产组的资产的账面价值

B. 已确认的负债的账面价值

C. 对资产组可收回金额的确定起决定性作用的负债的账面价值

D. 可以合理和一致地分摊至资产组的资产的公允价值

8. 下列关于资产减值的说法中，正确的有（　　）。

A. 总部资产一般难以脱离其他资产或资产组产生独立的现金流入

B. 对总部资产进行减值测试，只能按照将总部资产的账面价值全部分摊至相关的资产组这一种方法进行

C. 企业进行资产组减值测试时，应将确认的减值损失先抵减商誉的账面价值

D. 企业进行资产组减值测试时，应将抵减商誉价值后剩余的减值损失确认为可辨认资产的减值损失

五、判断题

1. 使用寿命不确定的无形资产，即使未存在减值迹象，也应当至少在每年年末进行减值测试。（ ）

2. 资产计提的减值准备不允许转回。（ ）

3. 在减值测试中预计固定资产的未来现金流量时，应当以该固定资产的当前状况为基础，不应当包括将来可能发生的后续支出中涉及的现金流出。（ ）

4. 资产的公允价值减去处置费用后的净额与资产预计未来现金流量的现值均大于资产的账面价值时，才表明资产没有发生减值，不需要计提减值准备。（ ）

5. 企业在估计资产可收回金额时，不论遇到什么情况，必须根据资产的公允价值减去处置费用后的净额与资产预计未来现金流量现值两者之间的较高者确定。（ ）

6. 企业对总部资产一般只能结合其他相关资产组或资产组组合进行减值测试，不能单独进行减值测试。（ ）

7. 资产组组合是指由若干个资产组组成的最小资产组组合。（ ）

8. 资产组的账面价值通常应当包括已确认负债的账面价值。（ ）

9. 资产组认定后，在各个会计期间应当保持一致，不得变更。（ ）

六、简答题

1.《企业会计准则第 8 号——资产减值》中规定的资产包括哪些？

2. 哪些企业内部信息表明资产可能发生减值？

3. 预计资产未来现金流量应当包括哪些内容？

4. 资产减值损失的确定有哪些要求？

5. 认定资产组应当考虑哪些因素？

6. 简述总部资产减值的处理步骤。

七、案例分析题

1. 某公司为增值税一般纳税人，2019 年至 2023 年发生的相关业务如下：

（1）2019 年 1 月 1 日购入一项专利技术，将其划分为无形资产。该专利技术购买价款为 280 万元，使用寿命不确定。

（2）2019 年年末，该专利技术出现减值迹象。经计算，其预计未来现金流量的现值为 240 万元，公允价值减去处置费用后的净额为 230 万元。

（3）2020 年年末，公司对该专利技术使用寿命进行复核，确定其剩余使用寿命为 15 年。该公司采用直线法对该专利技术进行摊销，预计净残值为 0。假定当年未发生减值。

（4）2021 年年末，公司对该专利技术进行减值测试。经计算，其预计未来现金流量的现值为 210 万元，公允价值减去处置费用后的净额为 190 万元。

（5）2022 年年末，公司对该专利技术进行减值测试。经计算，其预计未来现金流量的现值为 200 万元，公允价值减去处置费用后的净额为 198 万元。

（6）2023 年 7 月 1 日，该公司将该专利技术对外出售，处置价款为 205 万元，假定未发生相关税费。

假定专利技术计提减值准备后，原摊销方式和摊销年限不变。不考虑其他因素。

要求：

（1）计算 2019 年年末该专利技术的可收回金额，以及该专利技术应计提减值准备的金额。

（2）分别计算 2021 年和 2022 年相关无形资产期末的账面价值及可收回金额，判断是否需要计提减值准备。如果需要，计算应计提减值准备的金额。

（3）计算 2023 年处置相关无形资产对损益的影响金额，并编写相关会计分录。

（4）判断 2023 年处置该专利技术时原记入“资产减值损失”科目的金额是否需要转出，并说明理由。

2. 某公司为高新技术企业，有 A、B、C 三个资产组，每个资产组负责不同的项目，能够产生独立的现金流。假定该公司的全部资产均为固定资产。由于行业竞争激烈，技术更新速度快，2023 年年末该公司部分资产出现减值迹象，相关资料如下：

（1）A 资产组为一条完整的生产线，主要用于小型游戏机的生产，该生产线由甲、乙、丙三台设备构成。三台设备的成本分别为 500 万元、800 万元、1 000 万元，预计剩余使用寿命均为 5 年，甲、乙、丙三台设备的账面价值分别为 300 万元、500 万元、800 万元。由于单机游戏的市场萎缩，乙公司对 A 资产组进行减值测试，确认该资产组的可收回金额为 800 万元，甲设备的公允价值减去处置费用后的净额为 240 万元，无法预计其未来现金流量的现值。乙设备与丙设备均无法估计其未来现金流量的现值和公允价值减去处置费用后的净额。

（2）B 资产组为一条完整的生产线，主要用于大型游戏机设备的生产。该资产组由丁设备构成，该设备的成本为 1 200 万元，已计提折旧 300 万元，尚可使用 3 年。该资产组公允价值减去处置费用后的净额无法确定。乙公司对该设备未来 3 年的现金流量及市场前景进行了分析，具体情况见表 7-1。

表 7-1　丁设备未来 3 年的现金流量及市场前景分析表　　单位：万元

年份	市场好时（40%的可能性）	市场一般时（30%的可能性）	市场差时（30%的可能性）
第 1 年	1 000	800	400
第 2 年	700	500	200
第 3 年	400	200	50

在考虑了货币时间价值和设备特定风险后，乙公司确定 10%为适用的折现率，相关复利现值系数如下：

$(P/F, 10\%, 1) = 0.909\ 1$

$(P/F, 10\%, 2) = 0.826\ 4$

$(P/F, 10\%, 3) = 0.751\ 3$

（3）C 资产组主要用于单机游戏移动设备的生产。该资产组主要由 X、Y、Z 三台设备构成，账面价值分别为 400 万元、800 万元、800 万元，使用寿命分别为 4 年、8 年、8 年。C 资产组的可收回金额为 1 500 万元，X、Y、Z 三台设备未来现金流量的现值和公允价值减去处置费用后的净额均无法确定。

上述固定资产均按年限平均法计提折旧，预计净残值均为 0。不考虑其他因素。

要求：

（1）计算 A 资产组各台设备应计提的减值准备金额。计算结果保留两位小数，下同。

（2）计算 B 资产组的可收回金额，并判断 B 资产组是否需要计提减值准备。

（3）计算 C 资产组各台设备应计提的减值准备金额，并编写计提减值准备的会计分录。

3. 某公司实行事业部制管理，有平板电视机、洗衣机、电冰箱三个事业部，分别生产不同的家用电器，每一个事业部为一个资产组。该公司有关总部资产以及平板电视机、洗衣机、电冰箱三个事业部的资料如下：

（1）总部资产为一组服务器。至 2022 年年末，该服务器的账面价值为 6 000 万元，预计剩余使用寿命为 16 年。服务器用于平板电视机、洗衣机、电冰箱三个事业部的行政管理，技术已经落后，存在减值迹象。

（2）平板电视机资产组为一条生产线，该生产线由 A、B、C 三部机器组成。至 2022 年年末，A、B、C 机器的账面价值分别为 10 000 万元、15 000 万元、25 000 万元，预计剩余使用寿命均为 4 年。由于产品技术落后于其他同类产品，平板电视机资产组存在减值迹象。

经对平板电视机资产组（包括分配的总部资产）未来 4 年的现金流量进行预测并按适当的折现率折现后，该公司预计平板电视机资产组未来现金流量现值为 42 400 万元。该公司无法合理预计平板电视机资产组公允价值减去处置费用后的净额。因 A、B、C 机器均无法单独产生现金流量，所以也无法预计 A、B、C 机器各自的未来现金流量现值。该公司估计 A 机器公允价值减去处置费用后的净额为 9 000 万元，但无法估计 B、C 机器公允价值减去处置费用后的净额。

（3）洗衣机资产组为一条生产线。至 2022 年年末，该生产线的账面价值为 7 500 万元，预计剩余使用寿命为 16 年。洗衣机资产组未出现减值迹象。

经对洗衣机资产组（包括分配的总部资产）未来 16 年的现金流量进行预测并按适当

的折现率折现后，该公司预计洗衣机资产组未来现金流量现值为13 000万元。该公司无法合理预计洗衣机资产组公允价值减去处置费用后的净额。

（4）电冰箱资产组为一条生产线。至2022年年末，该生产线的账面价值为10 000万元，预计剩余使用寿命为8年。电冰箱资产组存在减值迹象。

经对电冰箱资产组（包括分配的总部资产）未来8年的现金流量进行预测并按适当的折现率折现后，该公司预计电冰箱资产组未来现金流量现值为10 080万元。该公司无法合理预计电冰箱资产组公允价值减去处置费用后的净额。

上述全部资产均采用年限平均法计提折旧，预计净残值均为0。服务器按各资产组的账面价值和剩余使用寿命加权平均计算的账面价值所占比重进行分摊。除上述资料外，不考虑其他因素。

要求：

（1）计算该公司2022年12月31日将总部资产服务器分配至平板电视机、洗衣机、电冰箱资产组的账面价值。

（2）计算各个资产组（包括分配的总部资产）应计提的减值准备，并计算各个资产组（不包括分配的总部资产）和总部资产服务器应分摊的减值准备，编写总部资产减值的会计分录。

（3）计算平板电视机资产组各资产分摊的减值准备，并编写有关平板电视机资产组减值的会计分录。

第八章　金融资产与金融负债核算

一、名词解释

1. 金融工具

2. 业务模式

3. 金融资产终止确认

4. 金融负债终止确认

5. 其他货币资金

6. 应付票据

二、填空题

1. 金融工具合同通常采用____________形式。
2. 金融资产包括从其他方收取现金或其他金融资产的合同____________。

3. 企业应当根据其管理金融资产的业务模式和金融资产____________的特征，对金融资产进行合理的分类。

4. 在初始确认时，企业可以将____________权益工具投资指定为以公允价值计量且其变动计入其他综合收益的金融资产。

5. 收取金融资产现金流量的合同权利____________时，该金融资产要终止确认。

6. 金融负债（或其一部分）的现时义务____________的，企业应当终止确认该金融负债（或该部分金融负债）。

7. 货币资金包括库存现金、____________和其他货币资金。

8. 长期借款是企业向银行或____________借入的期限在 1 年以上（不含 1 年）的各项借款。

9. 应付账款不多的企业，也可用____________科目核算。

10. 企业收取的现金股利或应收取的其他单位分配的利润是____________。

三、单项选择题

1. 企业管理金融资产的业务模式，如果不是以收取合同现金流量为目标，也不是同时以收取合同现金流量和出售金融资产为目标，则企业应将该金融资产划分为（　　）。

A. 以摊余成本计量的金融资产

B. 以公允价值计量且其变动计入其他综合收益的金融资产

C. 以公允价值计量且其变动计入当期损益的金融资产

D. 长期借款

2. 下列资产中，属于金融资产的是（　　）。

A. 存货　　B. 固定资产　　C. 长期待摊费用　　D. 贷款

3. 2022 年 8 月 1 日，甲公司以 3 200 万元银行存款作为对价购入乙公司当日发行的一般公司债券。债券面值总额为 3 000 万元，期限为 4 年，票面年利率为 6%，每年年末付息，到期一次还本。甲公司购入该批债券后，拟长期持有，并按期收取利息，到期收回本金。但如果未来市场利率大幅变动，甲公司不排除将该批债券出售以实现收益最大化。不考虑其他因素，甲公司应将此项金融资产划分为（　　）。

A. 以摊余成本计量的金融资产

B. 以公允价值计量且其变动计入当期损益的金融资产

C. 以公允价值计量且其变动计入其他综合收益的金融资产

D. 应收款项

4. 甲公司与乙公司签订合同，约定甲公司以 8 千克黄金等值的自身权益工具偿还欠乙公司的债务。甲公司应将其发行的金融工具划分为（　　）。

A. 长期借款　　B. 金融负债

C. 以摊余成本计量的金融资产　　D. 权益工具

5. 下列关于金融资产终止确认的表述中，不正确的是（　　）。

A. 金融资产终止确认，指企业将之前确认的金融资产从其资产负债表中转出

B. 某企业拥有收取金融资产现金流量的合同权利，如因合同到期而使合同权利终止，金融资产不能再为企业带来经济利益，应当终止确认该金融资产

C. 企业收取一项金融资产现金流量的合同权利并未终止，则虽然企业转移了该项金融资产，企业也不应当终止确认被转移的金融资产

D. 企业收取一项金融资产现金流量的合同权利并未终止，但若企业转移了该项金融资产，同时该转移满足关于终止确认的规定，则在这种安排下，企业也应当终止确认被转移的金融资产

6. 下列选项中，不属于金融资产终止确认的是（　）。

A. 某企业将未到期的票据向银行贴现（不附追索权）

B. 某企业将应收款项向第三方出售

C. 某商业银行发放一笔购房贷款

D. 某企业将持有的股票出售

7. 企业应收票据贴现，应按实际收到的金额与其票面金额的差额，借记或贷记（　）科目。

A. “管理费用”　　B. “财务费用”

C. “营业外支出”　　D. “银行存款”

8. 甲公司于2025年1月1日以600万元的价格购进乙公司当日发行的面值总额为550万元的公司债券，按期收取利息，到期收回本金。其中债券的购买价款为595万元，相关税费为5万元。债券票面年利率为8%，期限为5年，一次还本付息。甲公司将其划分为以摊余成本计量的金融资产，则购入时甲公司记入“债权投资——利息调整”科目的金额应为（　）万元。

A. 600　　B. 550　　C. 50　　D. 5

9. 2025年1月1日，甲公司从二级市场购入面值总额为200万元的丙公司债券，支付的总价款为195万元（其中包括已到付息期但尚未领取的利息4万元），另支付相关交易费用1万元。甲公司将其划分为以公允价值计量且其变动计入其他综合收益的金融资产。该资产入账时应记入“其他债权投资——利息调整”科目的金额为（　）。

A. 4万元（借方）　B. 4万元（贷方）　C. 8万元（借方）　D. 8万元（贷方）

10. 甲公司于2024年10月6日从证券市场购入乙公司对外发行的股票200万股，直接指定为以公允价值计量且其变动计入其他综合收益的金融资产，每股支付价款5元（含已宣告但尚未发放的现金股利0.5元），另支付相关费用15万元。甲公司取得其他权益工具投资时的入账价值为（　）万元。

A. 1 015　　B. 915　　C. 900　　D. 1 000

11. 以公允价值计量且其变动计入当期损益的金融负债，应按（　）进行后续计量。

A. 实际成本　　B. 摊余成本　　C. 公允价值　　D. 实际利率法

12. 2025年1月初，某公司“坏账准备”科目贷方余额为6万元。当年发生应收账款20万元，收回上年已确认为坏账的应收账款5万元，经评估确定“坏账准备”科目年末

贷方应有余额为 15 万元。该公司 2025 年年末应计提的坏账准备金额为（　　）万元。

A. 4　　B. 9　　C. 5　　D. 11

13. 下列选项中，不应通过“其他应收款”科目核算的是（　　）。

A. 租入包装物支付的押金　　B. 应向保险公司收取的理赔款

C. 为职工垫付的房租　　D. 出租包装物收取的押金

四、多项选择题

1. 下列选项中，符合金融负债确认条件的有（　　）。

A. 向其他方交付现金或其他金融资产的合同义务

B. 在潜在不利条件下，与其他方交换金融资产或金融负债的合同义务

C. 将来须用或可用企业自身权益工具进行结算的非衍生工具合同，且企业根据该合同交付可变数量的自身权益工具

D. 将来须用或可用企业自身权益工具进行结算的衍生工具合同，但以固定数量的自身权益工具交换固定金额的现金或其他金融资产的衍生工具合同除外

2. 下列选项中，属于金融负债的有（　　）。

A. 应付职工薪酬　　B. 应交税费

C. 短期借款　　D. 交易性金融负债

3. 下列选项中，应对金融资产终止确认的有（　　）。

A. 企业买入一项期权，直到期权到期日仍未行权

B. 合同进行实质性修改，以新金融资产替换原金融资产

C. 企业合理预期能够收回金融资产合同现金流量时

D. 企业合理预期不再能够全部或部分收回金融资产合同现金流量时

4. 下列选项中，属于金融资产终止确认的有（　　）。

A. 企业融出证券或进行证券出借

B. 出售应收账款（不附追索权）

C. 商业承兑汇票贴现（附追索权）

D. 企业出售金融资产，同时约定按回购日该金融资产的公允价值回购

5. 下列选项中，金融负债应当终止确认的有（　　）。

A. 债务人通过偿付债权人解除了金融负债的现时义务

B. 债权人豁免了债务人的债务

C. 通过法院裁定解除了债务人对金融负债的主要责任

D. 债务人以非货币性资产偿还了前欠债权人的货款

6. 下列表述中，正确的有（　　）。

A. 固定资产盘亏净损失应计入营业外支出

B. 无法查明原因的库存现金溢余应计入营业外收入

C. 无法查明原因的库存现金短缺应该计入管理费用

D. 存货盘亏净损失中由于管理不善导致的部分应计入管理费用

7. 下列选项中，投资企业应通过“投资收益”科目核算的有（　　）。

A. 其他权益工具投资持有期间被投资方宣告分派的现金股利

B. 交易性金融资产的公允价值变动

C. 处置采用权益法核算的长期股权投资，结转原计入其他综合收益的金额

D. 长期股权投资采用成本法核算时确认的被投资单位宣告发放的现金股利

8. 下列关于金融资产计量的表述，正确的有（　　）。

A. 以公允价值计量且其变动计入当期损益的金融资产按照公允价值计量，发生的相关交易费用直接计入当期损益

B. 以公允价值计量且其变动计入其他综合收益的金融资产进行初始计量时，按照公允价值和发生的相关交易费用确认初始入账金额

C. 以摊余成本计量的金融资产进行初始计量时，按照公允价值计量，发生的相关交易费用计入投资收益

D. 交易性金融资产和以公允价值计量且其变动计入其他综合收益的金融资产按照公允价值进行后续计量

9. 下列关于企业发行一般公司债券的会计处理，正确的有（　　）。

A. 无论按面值发行，还是溢价发行或折价发行，均应按债券面值记入“应付债券”科目的“面值”明细科目

B. 实际收到的款项与面值的差额，应记入“利息调整”明细科目

C. 对于利息调整，企业应在债券存续期间选用实际利率法或直线法进行摊销

D. 资产负债表日，企业应按应付债券的面值和实际利率计算确定当期的债券利息费用

五、判断题

1. 应收账款应划分为以摊余成本计量的金融资产。（　　）

2. 预付账款属于金融资产。（　　）

3. 属于不具有重大影响、无法实施共同控制或控制情形的股权投资，应统一按以公允价值计量且其变动计入当期损益的金融资产处理。（　　）

4. 如果收取金融资产现金流量的合同权利终止，则应当终止确认该金融资产。（　　）

5. 部分终止确认的金融资产包括金融资产所产生的特定可辨认现金流量。（　　）

6. 企业为职工垫付水电费应通过“应收账款”科目核算。（　　）

7. “应收票据”科目核算的内容包括银行汇票和商业汇票。（　　）

8. 企业自身信用风险变动造成的交易性金融负债公允价值变动，应计入其他综合收益。（　　）

9. 采用实际利率法计算的其他债权投资的利息，应当计入当期损益。其他权益工具投资的现金股利，应当在被投资单位宣告发放股利时计入当期损益。（　　）

10. 资产负债表日，其他权益工具投资的公允价值低于其账面余额时，应该计提减值准备。（　　）

六、简答题

1. 债权金融资产分为哪几类?

2. 哪些情形下的金融负债不能按摊余成本计量?

3. 简述金融资产部分终止确认的条件。

4. 金融负债的现时义务已经解除的情形有哪些?

5. 其他应收款核算的主要内容包括哪些?

6. 简述交易性金融资产和其他权益工具投资的区别。

七、案例分析题

1. 甲公司为上市公司，按年对外提供财务报告，有关投资业务如下：

（1）2022 年 1 月 1 日，甲公司以 3 130 万元银行存款作为对价购入乙公司当日发行的 5 年期、一次还本、分期付息的一般公司债券。次年 1 月 3 日支付利息，票面年利率为 5%，面值总额为 3 000 万元。甲公司另支付交易费用 2.27 万元，实际利率为 4%。甲公司管理该金融资产的业务模式是以收取合同现金流量为目标，且该现金流量仅为对本金和以未偿付本金金额为基础的利息的支付。

（2）2023 年年末，该项金融资产的公允价值为 3 500 万元。

要求：判断该项金融资产的类型，说明理由，并编写甲公司相关会计分录（单位：万元）。

2. 某公司为上市公司，按季对外提供中期财务报表，按季计提利息。2024 年有关业务如下：

（1）1 月 5 日，以赚取差价为目的从二级市场购入一批 3 年期债券作为交易性金融资产，面值总额为 2 000 万元，票面年利率为 6%，每半年付息一次，该债券发行日为 2023 年 1 月 1 日。取得时支付的价款为 2 060 万元，含已到付息期但尚未领取的 2023 年下半年的利息 60 万元，另支付交易费用 40 万元，全部价款以银行存款支付。

（2）1 月 15 日，收到 2023 年下半年的利息 60 万元。

（3）3 月 31 日，该债券公允价值为 2 200 万元。

（4）3 月 31 日，按债券票面利率计算利息。

（5）6 月 30 日，该债券公允价值为 1 960 万元。

（6）6 月 30 日，按债券票面利率计算利息。

（7）7 月 15 日，收到 2024 年上半年的利息 60 万元。

（8）8 月 15 日，将该批债券全部处置，实际收到价款 2 400 万元。

要求：根据以上业务编写有关交易性金融资产的会计分录（单位：万元）。

3. 2019 年 12 月 31 日，某公司委托证券公司以 7 755 万元的价格发行 3 年期分期付息公司债券。该债券面值总额为 8 000 万元，票面年利率为 4.5%，实际利率为 5.64%，每年付息一次，到期后按面值偿还，支付的发行费用与发行期间冻结资金产生的利息收入相等。该公司发行这批债券所筹集的资金用于建造专用生产线。

该生产线建造工程采用出包方式，于 2020 年 1 月 1 日开始动工，发行债券所得款项当日全部支付给建造承包商。2021 年 12 月 31 日，所建造生产线达到预定可使用状态。假定各年度利息的实际支付日期均为下一年度的 1 月 10 日，2023 年 1 月 10 日支付 2022 年度利息，一并偿付面值。所有款项均以银行存款收付。

要求：分别编写该公司与下列业务相关的会计分录：①债券发行；②2020 年 12 月 31 日确认债券利息；③2022 年 12 月 31 日确认债券利息；④2023 年 1 月 10 日支付利息和面值（“应付债券”科目应列出明细科目）。

第九章　职工薪酬与借款费用核算

一、名词解释

1. 职工薪酬

2. 累计带薪缺勤

3. 借款费用

4. 辅助费用

二、填空题

1. 职工是指与企业订立劳动合同的所有人员，含全职、____________和临时职工，也包括虽未与企业订立劳动合同但由企业正式任命的人员。

2. 带薪缺勤分为____________和____________。

3. 离职后福利计划分为____________和____________两种类型。

4. 企业向职工提供非货币性福利的，应当按照____________计量。

5. 企业发生的借款费用，可直接归属于符合资本化条件的资产的购建或者生产的，应当予以____________。

6.“相当长时间”是指资产的购建或者生产所必需的时间，通常为＿＿＿＿＿＿。

三、单项选择题

1. 下列关于职工薪酬的确认和计量的说法中，不正确的是（ ）。

A. 与非累积带薪缺勤相关的职工薪酬已经包括在企业每期向职工发放的薪酬中，不必额外作相应的会计处理

B. 对于离职后福利中的设定提存计划，如果预期企业不会在职工提供相关服务的年度报告期结束后 12 个月内缴齐全部款项的，企业应当按照现值计量应付职工薪酬

C. 短期利润分享计划在实际支付时应确认为成本或费用

D. 企业实施的内部退休计划，应当比照辞退福利进行处理

2. 企业为鼓励生产车间职工自愿接受裁减而给予的补偿，应该记入（ ）科目。

A.“生产成本” B.“管理费用”

C.“制造费用” D.“财务费用”

3. 某公司为激励管理人员和销售人员，于 2022 年年初制订并实施了一项利润分享计划。该计划规定，如果公司全年的净利润达到 5 000 万元以上，公司管理人员将可以分享超过 5 000 万元净利润部分的 15%作为额外报酬，公司销售人员将可以分享超过 5 000 万元净利润部分的 5%作为额外报酬。至 2022 年年末，该公司实现净利润 8 000 万元。不考虑其他因素，关于该公司的会计处理，下列说法中正确的是（ ）。

A. 应借记“管理费用”科目 450 万元，借记“销售费用”科目 150 万元，贷记“应付职工薪酬”科目 600 万元

B. 应借记“管理费用”科目 600 万元，贷记“应付职工薪酬”科目 600 万元

C. 应借记“销售费用”科目 600 万元，贷记“应付职工薪酬”科目 600 万元

D. 应借记“管理费用”科目 1 200 万元，借记“销售费用”科目 400 万元，贷记“应付职工薪酬”科目 1 600 万元

4. 下列选项中，属于离职后福利的是（ ）。

A. 累积带薪缺勤 B. 退休后养老保险

C. 医疗保险费 D. 辞退福利

5. 下列选项中，不属于借款费用的是（ ）。

A. 外币借款发生的汇兑损失 B. 借款过程中发生的承诺费

C. 发行公司债券发生的折价 D. 公司债券发行溢价的摊销

6. 下列情形中，不应暂停借款费用资本化的是（ ）。

A. 由于劳务纠纷，固定资产建造中断连续超过 3 个月

B. 由于资金周转困难，固定资产建造中断连续超过 3 个月

C. 由于发生安全事故，固定资产建造中断连续超过 3 个月

D. 由于可预测的气候影响，固定资产建造中断连续超过 3 个月

7. 某公司为建造一栋办公楼，于 2023 年 12 月 1 日借入期限为 3 年、本金为 1 000 万

元的专门借款，年利率为6%，按年付息，到期一次还本。另外，该公司有一笔200万元的一般借款，年利率为7%，期限为2年，每年年末计提利息，该借款将于2025年6月30日到期。该工程采用出包方式。2024年1月1日，该公司用银行存款支付工程价款300万元。因质量纠纷，该工程于2024年3月1日到2024年6月30日发生非正常中断。2024年9月1日，该公司用银行存款支付工程价款800万元，工程将于2025年1月31日达到预定可使用状态。该公司借款费用按年进行资本化处理。2024年闲置的专门借款资金用于固定收益的短期债券投资，月收益率为0.2%。该公司2024年应予以资本化的利息金额为（ ）万元。

A. 42.33　　B. 36.73　　C. 50.73　　D. 57.2

8. 某公司为建造一项工程而于2024年发生的资产支出情况如下：2月1日支出1 500万元，6月1日支出1 500万元，8月1日支出700万元。占用的一般借款有如下两笔：2023年3月1日取得的1 800万元借款，期限为3年，年利率为6%，利息按年支付；2024年6月1日取得的一般借款2 000万元，期限为5年，年利率为9%，利息按年支付。2024年3月1日至6月30日，工程因劳动纠纷停工，7月1日恢复施工，当期该工程未达到设计要求。该公司2024年一般借款费用资本化期间为（ ）。

A. 1月1日至2月29日、7月1日至12月31日
B. 1月1日至12月31日
C. 2月1日至2月29日、7月1日至12月31日
D. 2月1日至12月31日

四、多项选择题

1. 下列关于职工薪酬处理的说法，正确的有（ ）。
A. 职工福利费为非货币性福利的，应当按照公允价值计量
B. 企业应当将辞退福利分类为设定提存计划和设定受益计划
C. 短期薪酬是指企业在职工提供相关服务的年度12个月内需要全部支付的职工薪酬
D. 在职工提供服务从而增加了其未来享有的带薪缺勤权利时，企业应确认与累积带薪缺勤相关的职工薪酬

2. 下列有关带薪缺勤的表述中，正确的有（ ）。
A. 累积带薪缺勤是指带薪缺勤权利可以结转下期的带薪缺勤，本期尚未用完的带薪缺勤权利可以在未来期间使用
B. 企业应当在职工提供服务从而增加其未来享有的带薪缺勤权利时，确认与累积带薪缺勤相关的职工薪酬，并以累积未行使权利而增加的预期支付金额计量
C. 非累积带薪缺勤是指带薪缺勤权利不能结转下期的带薪缺勤，本期尚未用完的带薪缺勤权利将予以取消，并且职工离开企业时也无权获得现金支付
D. 企业应当在职工实际发生缺勤的会计期间确认与非累积带薪缺勤相关的职工薪酬

3. 下列有关职工薪酬的表述中，错误的有（　　）。

A. 原生产工人的辞退福利应计入生产成本

B. 婚假属于累积带薪缺勤

C. 设定受益计划属于其他长期职工福利

D. 企业提供给职工配偶、子女、受赡养人、已故员工遗属及其他受益人等的福利，属于职工薪酬

4. 甲公司下列行为中，不影响货币性短期薪酬的有（　　）。

A. 2 月 1 日，甲公司对销售人员增加 50%的话费补贴

B. 6 月 30 日，甲公司为全体职工新购商业医疗保险

C. 8 月 20 日，甲公司以自产的产品向职工发放福利

D. 12 月 31 日，甲公司向职工提供免费租赁住房

5. 甲公司为建造固定资产，于 2024 年 4 月 1 日向银行借入一笔期限为 5 年、年利率为 5.4%的 1 000 万元借款。另外，该公司于 4 月 1 日向另一银行借入一般借款 500 万元，借款期限为 3 年，年利率为 5%。公司于 4 月 1 日购买一台设备，当日设备运抵公司并开始安装，4 月 1 日支付货款 600 万元和安装费 40 万元，6 月 1 日支付工程款 600 万元。至当年年末该工程尚未完工，预计 2025 年年末完工。不考虑未动用专门借款的存款利息收入，该公司 2024 年年终正确的会计处理有（　　）。

A. 专门借款应予资本化的利息金额为 40.5 万元

B. 超过专门借款的累计支出加权平均数为 140 万元

C. 一般借款利息资本化金额为 7 万元

D. 应予资本化的利息金额为 47.5 万元

6. 下列关于因外币借款而发生的汇兑差额的说法，正确的有（　　）。

A. 资本化期间因外币一般借款发生的汇兑差额，不能资本化

B. 在资本化期间，外币专门借款本金及利息的汇兑差额应当予以资本化，计入符合资本化条件的资产成本

C. 在资本化期间，外币专门借款本金及利息的汇兑差额的计算不与资产支出挂钩

D. 在资本化期间，外币借款的汇兑差额均可资本化

7. 在借款费用资本化期间，为购建或者生产符合资本化条件的资产占用了一般借款的，其资本化金额计算方法正确的有（　　）。

A. 应当根据累计资产支出加权平均数乘以所占用一般借款的资本化率，计算确定一般借款应予资本化的利息金额

B. 应当根据累计资产支出超过专门借款部分的资产支出加权平均数乘以所占用一般借款的资本化率，计算确定一般借款应予资本化的利息金额

C. 一般借款加权平均利率＝所占用一般借款当期实际发生的利息之和÷所占用一般借款本金加权平均数

D. 一般借款属外币借款的，其本金和利息所产生的汇兑差额应作为财务费用，计入当期损益

8. 下列表述中正确的有（　　）。

A. 确认借款费用的基本原则是：企业发生的借款费用可直接归属于符合资本化条件的资产购建或者生产的，应当予以资本化，计入相关资产成本；其他借款费用应当在发生时根据其发生额确认为费用，计入当期损益

B. 符合资本化条件的资产是指需要经过相当长时间的购建或生产活动才能达到预定可使用状态或者可销售状态的固定资产、投资性房地产或存货等资产

C. 由于人为或者故意等非正常因素导致资产的购建或生产时间相当长的，该资产不属于符合资本化条件的资产

D. 购入即可使用的资产，或购入后需要安装但所需安装时间较短的资产，或者需要建造或生产但建造或生产时间较短的资产，均不属于符合资本化条件的资产

五、判断题

1. 根据设定提存计划，预期不会在职工提供相关服务的年度报告期结束后 12 个月内支付全部应缴存金额的，企业应按全部应缴存金额计量应付职工薪酬。（　　）

2. 工会经费和职工教育经费属于职工薪酬。（　　）

3. 应由生产产品、提供劳务负担的职工薪酬应计入当期损益。（　　）

4. 2025 年 1 月 10 日，甲公司为建造一座写字楼，从银行借入一笔专门借款。除此之外，甲公司还有一笔一般借款。甲公司发生资产支出时，可随意选择一般借款或者专门借款支付。（　　）

5. 企业购建或生产的符合资本化条件的资产的各部分分别完工，且每部分在其他部分继续建造过程中可供使用或者可对外销售，且为使该部分资产达到预定可使用状态或可销售状态所必要的购建或者生产活动实质上已经完成的，应当停止与该部分资产相关的借款费用的资本化。（　　）

6. 符合资本化条件的资产在购建或者生产过程中发生非正常中断，且中断时间累计达到 3 个月的，应当暂停借款费用的资本化。（　　）

7. 如果只存在一笔一般借款，则资本化率不需要重新计算，一般借款的资本化率就是其实际利率。（　　）

六、简答题

1. 短期职工薪酬包括哪几类？

2. 如何计量企业向职工提供的非货币性福利？

3. 借款费用允许开始资本化必须同时满足哪些条件？

4. 如何判断借款费用停止资本化的时间？

七、案例分析题

1. 某公司是一家冰箱生产企业，为增值税一般纳税人，适用的增值税税率为13%。2023年该公司与职工薪酬相关的业务如下：

（1）6月，该公司以其生产的成本为0.5万元/台的电冰箱作为福利发放给公司100名优秀职工，每台电冰箱的售价为0.8万元。这100名职工中60名为直接参加生产的职工，15名为销售人员，25名为总部管理人员。

（2）12月，董事会决定对管理人员奖励3天的带薪休假，若于2024年年底未使用则权利作废。该公司共有50名管理人员，预计将会有39名管理人员全部使用带薪休假，已知该公司管理人员日平均工资为0.08万元。

要求：编写甲公司相关会计分录（单位：万元）。

2. 某公司拟建造一座大型生产车间，预计工程期为 2 年，有关资料如下：

（1）该公司于 2023 年 1 月 1 日为该项工程专门借款 6 000 万元，借款期限为 3 年，年利率为 8%，利息按年支付。

闲置的专门借款资金均存入银行，假定月利率为 0.5%，利息按年于每年年初收取。

（2）生产车间工程建设期间占用了两笔一般借款，具体如下：

1）2022 年 12 月 1 日，向某银行借入长期借款 4 500 万元，期限为 3 年，年利率为 6%，按年计提利息，每年年初支付。

2）2023 年 1 月 1 日，溢价发行 5 年期公司债券 1 000 万元，票面年利率为 8%，实际利率为 5%，利息于每年年初支付，实际发行价格为 1 044 万元，款项已全部收存银行。

（3）工程采用出包方式，于 2023 年 1 月 1 日动工兴建。2023 年 2 月 1 日，该项工程发生重大安全事故，中断施工。2023 年 6 月 1 日，该项工程恢复施工。

（4）2023 年有关支出如下：

1）1 月 1 日支付工程进度款 2 000 万元。

2）7 月 1 日支付工程进度款 4 500 万元。

3）10 月 1 日支付工程进度款 3 000 万元。

（5）截至 2023 年 12 月 31 日，工程尚未完工。该公司按年计算资本化利息费用。为简化计算，假定全年为 360 天，每月为 30 天。

要求：

（1）计算 2023 年专门借款利息资本化金额和费用化金额。

（2）计算 2023 年该项工程所占用的一般借款资本化率。

（3）计算该项工程所占用的一般借款的资本化金额和费用化金额。

（4）编写相关会计分录（计算结果保留两位小数）。

第十章　或有事项核算

一、名词解释

1. 或有事项

2. 或有资产

二、填空题

1. 或有事项包括两类义务，即____________和____________。
2. 或有负债不能____________，应在____________中披露。
3. 或有资产只有在企业能够____________收到的情况下，才能转变为真正的资产。
4. 或有事项产生的预计负债按照____________确定。
5. 企业应当在资产负债表日对预计负债的____________进行复核。
6. 未决诉讼发生的诉讼费应记入____________科目。
7. 如果企业在前期资产负债表日，依据当时实际情况和所掌握的证据原本应当能够合理估计诉讼损失，但企业的估计却与当时的事实严重不符，则应当按照重大前期____________的方法进行处理。
8. 已确认预计负债的产品，如企业不再生产，应在相应产品的质量保证期满后，将“预计负债——产品质量保证”账户余额冲销，同时冲销____________账户。
9. 企业应当按照与重组有关的____________确定预计负债金额。

三、单项选择题

1. 下列选项中，不属于或有事项的是（　　）。

A. 亏损合同　　B. 产品质量保证

C. 未来可能发生的经营亏损　　D. 重组义务

2. 关于对或有资产的处理，下列说法正确的是（　　）。

A. 或有资产是企业的潜在资产，不能确认为资产，一般应在财务报表附注中披露

B. 企业通常不应当披露或有资产，但或有资产很可能会给企业带来经济利益的，应当披露其形成的原因、预计产生的财务影响等

C. 对于有可能取得的或有资产，一般应作出披露

D. 当或有资产转化为基本确定收到的资产时，不应该确认

3. 以下关于或有事项的说法中，正确的是（　　）。

A. 或有负债是指过去的交易或事项形成的现时义务

B. 或有资产应当作为资产在资产负债表中列示

C. 或有负债符合负债确认条件

D. 或有资产不符合资产确认条件

4. 甲公司对销售的产品承担售后保修，期初“预计负债——保修费用”账户的余额是20万元，包含计提的X产品保修费用8万元。本期销售Y产品200万元，发生的保修费用预计为销售额的2%~3%。销售Z产品160万元，发生的保修费用预计为销售额的3%~5%。甲公司已不再销售X产品且已售X产品保修期已过，则期末“预计负债——保修费用”账户的余额是（　　）万元。

A. 27　　　B. 25.2　　　C. 23.4　　　D. 19

5. 当企业拥有向第三方索赔的权利且涉及补偿金额时，该补偿金额单独作为一项资产确认的条件之一是（　　）。

A. 发生的概率大于50%但小于或等于95%

B. 发生的概率大于或等于5%但小于或等于50%

C. 发生的概率大于95%但小于100%

D. 发生的概率大于0但小于或等于50%

6. 甲公司因或有事项而确认预计负债600万元，估计有90%的可能性由乙公司补偿，预计补偿金额为550万元。甲公司应确认的资产金额为（　　）万元。

A. 0　　　B. 550　　　C. 50　　　D. 600

7. 下列关于预计负债的表述中，不正确的是（　　）。

A. 预计负债是企业承担的现时义务

B. 与预计负债相关的支出的时间或金额具有一定的不确定性

C. 预计负债的计量不应考虑未来期间相关资产预期处置利得的影响

D. 预计负债应按相关支出的最佳估计数减去基本确定能够收到的补偿后的净额计量

8. 2023年11月，A公司与B公司签订销售合同，约定于2024年2月向B公司销售100件产品，合同价格为每件50万元。如A公司单方面撤销合同，应支付违约金1 600万元。2023年年末，A公司已生产出该产品100件，产品成本为每件55万元。产品的市场价格上升至每件60万元。假定不考虑销售税费。A公司2023年年末正确的会计处理方法是（　　）。

A. 确认预计负债500万元　　　B. 确认预计负债1 600万元

C. 计提存货跌价准备 1 000 万元　　　　　D. 计提存货跌价准备 500 万元

9. 2023 年 12 月 31 日，甲公司涉及一起违反合同的诉讼案件。甲公司根据类似的经验以及所聘请专业律师的意见，判断在该起诉讼案中，甲公司胜诉的可能性为 40%，败诉的可能性为 60%。如果败诉，很可能发生的赔偿为 600 万元，另需承担诉讼费 10 万元。对此，甲公司在 2023 年年末应确认的预计负债金额应为（　　）万元。

A. 600　　　　B. 10　　　　C. 610　　　　D. 0

10. 甲公司和乙公司有关诉讼资料如下：

（1）甲公司 2023 年 8 月 2 日起诉乙公司违约，根据乙公司法律顾问的职业判断，乙公司胜诉的可能性为 40%，败诉的可能性为 60%。如果败诉，乙公司需要赔偿的金额为 450 万元~470 万元，同时还应承担诉讼费 3 万元。

（2）甲公司根据其掌握的信息，认为胜诉的可能性为 70%。如果胜诉，预计可获赔偿 500 万元。

（3）该诉讼案至 2023 年 12 月 31 日尚未判决。

根据上述资料，乙公司 2023 年有关未决诉讼的处理，不正确的是（　　）。

A. 确认营业外支出 460 万元

B. 确认管理费用 3 万元

C. 确认预计负债 463 万元

D. 2023 年财务报表不需要披露该未决诉讼

11. 下列选项中，不属于重组事项的是（　　）。

A. 出售或终止企业的部分业务

B. 对企业的组织结构进行较大调整

C. 关闭企业的部分营业场所，或将营业活动由一个国家或地区迁移到其他国家或地区

D. 债务重组

四、多项选择题

1. 下列选项中，属于或有事项的有（　　）。

A. 未决诉讼或者未决仲裁　　　　B. 债务担保

C. 亏损合同　　　　D. 环境污染整治

2. 或有事项的不确定性是指或有事项的结果（　　）。

A. 是否发生具有不确定性

B. 发生的时间具有不确定性

C. 发生的金额具有不确定性

D. 发生的地点具有不确定性

3. 下列事项中，应确认预计负债的有（　　）。

A. 甲公司为其他企业提供债务担保，被担保企业财务状况良好

B. 甲公司因经济纠纷被某企业起诉，至当年年末法院尚未判决，但法庭调查表明，

甲公司违反了有关法规。甲公司律师认为，可合理估计将败诉，并需要支付 10 万元赔偿金

C. 甲公司因替乙公司提供担保而成为相关诉讼的第二被告，诉讼尚未判决。根据律师的意见，甲公司很可能需要承担还款连带责任，还款金额很可能为 100 万元

D. 甲公司生产过程中因工艺落后造成环境污染，被周边村镇起诉，要求其赔偿损失 500 万元。该诉讼尚未判决。甲公司律师认为，因情况复杂，尚不能可靠估计赔偿金额

4. 下列有关预计负债的确认和计量的表述中，正确的有（　　）。

A. 预计负债应当按照履行相关现时义务所需支出的最佳估计数进行初始计量

B. 企业应当在资产负债表日对预计负债的账面价值进行复核

C. 企业清偿预计负债所需支出全部或部分预期由第三方补偿的，补偿金额只有在基本确定能够收到时才能作为资产单独确认，确认的补偿金额不应当超过预计负债的账面价值

D. 待执行合同变成亏损合同的，该亏损合同产生的义务，不应当确认为预计负债

5. 甲公司（股份有限公司）2023 年发生如下事项：

（1）2023 年 11 月 10 日，公司产品发生质量事故，致使消费者王某受伤。12 月 3 日王某家属向法院提起诉讼，要求赔偿 500 万元。至当年年末，诉讼尚未判决。甲公司研究认为，质量事故已被权威部门认定，公司胜诉的可能性几乎为零。但因为有关法律没有相关的赔偿规定，律师认为赔偿金额难以预料。

（2）2023 年 11 月 20 日，甲公司接到法院的通知，通知中说某联营企业在两年前的一笔借款到期，本息合计为 200 万元。因联营企业无力偿还，债权单位（贷款单位）已将本笔贷款的担保企业甲公司告上法庭，要求甲公司履行担保责任，代为清偿。甲公司经研究认为，目前联营企业的财务状况极差，甲公司有 80% 的可能性承担全部本息的偿还责任。但随着联营企业项目到位，基本确定能由联营企业补偿 150 万元。

（3）2023 年 12 月 10 日，甲公司司机驾驶大货车在高速公路上追尾，致使被追尾车辆连同贵重原材料遭受重大损失，受损失单位要求赔偿 30 万元。交警已明确责任，这起事故应由甲公司负完全责任。甲公司认为情况属实，当时因急需材料，强令本公司司机日夜兼程，过度疲劳驾驶，以致发生重大事故。甲公司已同意赔偿 30 万元，除 10 万元可获得保险公司理赔外，其余 20 万元全部由公司承担。此笔赔偿款在 12 月 31 日尚未支付。

根据上述情况，不考虑其他因素，下列说法中正确的有（　　）。

A. 事项（1）属于或有事项，但不满足预计负债的确认条件

B. 事项（2）属于或有事项，满足预计负债的确认条件

C. 事项（3）属于或有事项，满足预计负债的确认条件

D. 事项（2）属于或有事项，基本确定得到的补偿满足资产的确认条件

6. 下列关于亏损合同处理的说法，正确的有（　　）。

A. 在履行合同义务过程中，发生的成本预期将超过与合同相关的未来经济利益流

入的，待执行合同即变成亏损合同

B. 待执行合同变成亏损合同时，该亏损合同产生的义务满足预计负债确认条件的，应当确认为预计负债

C. 待执行合同变成亏损合同时，有合同标的资产的，应当先对标的资产进行减值测试并按规定确认减值损失

D. 待执行合同变成亏损合同时，无合同标的资产的，且亏损合同相关义务满足预计负债确认条件时，应当确认为预计负债

7. 下列关于产品质量保证费用处理的说法中，正确的有（　　）。

A. 预提的产品质量保证金要在保证期满时予以冲销

B. 预计产品质量保证费用时要考虑其各种可能的情况及对应发生概率的大小

C. 与产品质量保证有关的预计负债应记入“销售费用”科目

D. 产品质量保证通常指销售商或制造商在销售产品或提供劳务后，对客户提供服务的一种承诺

8. 下列关于企业承担债务担保的会计处理的表述中，正确的有（　　）。

A. 法院尚未判决的，应当合理估计败诉的可能性及败诉后可能发生的损失，判断是否需要确认预计负债

B. 法院已判决本企业败诉并且本企业不再上诉的，应当按照法院判决的应承担损失金额，确认其他应付款

C. 法院已判决本企业败诉并且本企业不再上诉的，应当按照法院判决的应承担损失金额，确认预计负债

D. 法院已判决本企业败诉但本企业不服而上诉的，应当按照初审法院判决的应承担损失金额，确认其他应付款

9. 甲公司为增值税一般纳税人，2023 年有关待执行合同资料如下：2023 年 12 月，甲公司与乙公司签订一份产品销售合同，约定甲公司在 2024 年 2 月末以每件 1.2 万元的价格（不含增值税）向乙公司销售 3 000 件 A 产品，如不执行合同，将支付违约金，违约金为合同总价款的 20%。2023 年 12 月 31 日，甲公司已生产 A 产品 3 000 件，并验收入库，每件成本为 1.6 万元。假定 2023 年年末 A 产品的市场价格为每件 2.4 万元，不发生相关销售税费，不考虑其他因素，下列关于甲公司应确认损失的表述中，正确的有（　　）。

A. 由于该合同存在标的资产，故应先对标的资产进行减值测试

B. 执行该合同的损失为 1 200 万元

C. 不执行合同会发生违约损失 720 万元

D. 选择支付违约金方案，应确认资产减值损失 720 万元

五、判断题

1. 或有事项形成的或有资产只有在企业很可能收到的情况下，才能转换为真正的资产，从而予以确认。　　（　　）

2. 企业对固定资产每期计提的折旧属于或有事项。　　（　　）

3. 企业应当在资产负债表日对预计负债的账面价值进行复核，如果有确凿证据表明该账面价值不能真实反映当前最佳估计数，应当按照当前最佳估计数对该账面价值进行调整。（　）

4. 如果与亏损合同相关的义务无须支付任何补偿即可撤销，企业通常就不存在现时义务，不应确认预计负债。（　）

5. 如果发现产品质量保证费用的实际发生额与预计数相差较大，应及时对预计比例进行调整。（　）

6. 企业对外担保涉及诉讼，已判决败诉，但企业正在上诉的，企业应当在资产负债表日依据已有判决结果，直接确认为预计负债，并计入当期营业外支出。（　）

7. 在计量与重组义务相关的预计负债时，需要考虑处置相关资产可能形成的利得或损失。（　）

六、简答题

1. 或有事项具有哪些特征？

2. 企业常见的或有事项包括哪些？

3. 或有负债满足哪些条件时才可以确认为预计负债？

4. 最佳估计数如何确定？

5. 待执行合同变为亏损合同时如何进行会计处理？

6. 与重组有关的直接支出主要包括哪些内容？

七、案例分析题

1. 甲公司2023年发生下列交易或事项：

（1）2023年，甲公司与乙公司签订的一份供销合同中规定，甲公司在2023年11月供应给乙公司一批物资。由于甲公司未能按照合同发货，致使乙公司发生重大经济损失，乙公司要求甲公司按照合同规定支付违约金100万元，但甲公司因与乙公司存在其他经济纠纷，未支付该笔违约金。乙公司通过法律程序要求甲公司赔偿经济损失100万元，承担诉讼费用3.5万元。该诉讼案件至2023年12月31日尚未判决。甲公司预计败诉的可能性为51%，如果败诉，估计赔偿损失为80万元~100万元，且在此区间每个金额发生的可能性大致相同。此外，还需要承担诉讼费用3.5万元。

（2）2023年5月7日，法院作出判决，由甲公司支付专利使用费220万元给乙公司，甲公司与乙公司均不再上诉。该事项为甲公司2022年12月31日涉及的一起诉讼案件，乙公司认为甲公司侵犯其专利权，要求甲公司支付专利使用费300万元。至2022年12月31日，该诉讼尚未判决。甲公司估计败诉的可能性为80%，如败诉，赔偿金额估计为230万元。甲公司实际确认预计负债230万元。2023年5月10日，甲公司支付专利使用费220万元。

（3）2023年6月30日，法院作出判决，由甲公司偿还C银行逾期短期贷款本金500万元、利息5万元，支付罚息55万元，甲公司与C银行均不再上诉。该事项为甲公司2022年12月31日涉及的一起诉讼案件，C银行起诉甲公司，要求甲公司偿还逾期贷款本息，并支付滞纳金10万元。至2022年12月31日，该诉讼尚未判决。甲公司估计败诉的可能性为80%，如败诉，除需要偿还贷款本息外，还应支付罚息10万元。甲公司实际确认预计负债10万元。2023年6月30日，甲公司以银行存款偿还贷款本息，并支付罚息55万元。

（4）甲公司从2022年1月起为售出产品提供“三包”服务，规定如果产品出售后一定期限内出现质量问题，甲公司负责退换或免费修理。假定甲公司只生产和销售M产品，

M 产品的“三包”期限为 3 年。在 2023 年年初，甲公司“预计负债——产品质量保证”账户余额为 45 万元。2023 年年末，甲公司对售出的 M 产品，按照该产品当期销售收入的 2%预计产品修理费用。2023 年甲公司实际销售收入为 2 000 万元，实际发生修理费用 30 万元，均为原材料费用。

（5）2023 年 12 月 25 日，D 公司（甲公司的子公司）向银行借款 1 000 万元，期限为 3 年。经董事会批准，甲公司为 D 公司的上述银行借款提供全额担保。12 月 31 日，D 公司经营状况良好，预计不存在还款困难。

（6）因被担保人 E 公司（甲公司的子公司）财务状况恶化，无法支付逾期的银行借款，2023 年 8 月 30 日，贷款银行要求甲公司按照合同约定履行债务担保责任 2 000 万元。甲公司于 2023 年 12 月 31 日收到法院的传票，了解到贷款银行状告甲公司未履行债务担保责任 2 000 万元。甲公司预计败诉的可能性为 80%，如果败诉将履行担保责任 2 000 万元。

要求：根据上述资料，判断甲公司是否需要确认或冲减预计负债。如需确认或冲减，请编写 2023 年有关预计负债的会计分录；如不需要，请说明理由。

2. 甲公司2023年发生如下交易和事项：

（1）2023年2月，甲公司与乙公司签订一份不可撤销合同，约定在2024年3月以每箱4万元（不含增值税）的价格向乙公司销售200箱A产品。乙公司应预付定金100万元。若甲公司违约，双倍返还定金。

2023年12月31日，甲公司尚未开始生产，库存中没有A产品及生产该产品所需原材料。因原材料价格大幅上涨，甲公司预计每箱A产品的生产成本为4.6万元。

（2）2023年8月，甲公司与丙公司签订一份B产品销售合同，约定在2024年2月底以每件0.6万元（不含增值税）的价格向丙公司销售300件B产品，违约金为合同总价款的20%。

2023年12月31日，甲公司库存B产品300件，成本总额为240万元，按当时市场价格计算的市价总额为220万元。假定甲公司销售B产品不发生销售费用。

（3）2023年8月，甲公司与丁公司签订一份C产品销售合同，约定在2024年2月底以每件1.2万元（不含增值税）的价格向丙公司销售100件C产品，违约金为合同总价款的10%。

2023年12月31日，甲公司已生产C产品100件，成本总额为140万元。按当时市场价格计算的市价总额为110万元。假定甲公司销售C产品不发生销售费用。

要求：不考虑其他因素，编写甲公司有关的会计分录。

第十一章　收入核算

一、名词解释

1. 合同

2. 委托代销安排

二、填空题

1. 收入合同中没有支付条款属于＿＿＿＿＿＿。

2. 经合同各方同意，对原合同范围或价格（或两者）作出的变更是＿＿＿＿＿＿。

3. 企业因向客户转让商品而预期有权收取的对价金额是＿＿＿＿＿＿。

4. 通常情况下，企业应当按照非现金对价在合同开始日的＿＿＿＿＿＿确定交易价格。

5. 企业应付客户对价超过向客户取得的可明确区分商品公允价值的，超过金额应当＿＿＿＿＿＿交易价格。

6. 合同中各单项履约义务所承诺商品的单独售价之和高于合同交易价格的金额是＿＿＿＿＿＿。

7. 无法在尚未履行的履约义务与已履行的履约义务之间区分的相关支出应计入＿＿＿＿＿＿。

8. 企业不取得合同就不会发生的成本是＿＿＿＿＿＿。

9. 为简化实务操作，＿＿＿＿＿＿摊销期限不超过一年的，可以在发生时计入当期损益。

10. 企业在将特定商品转让给客户之前控制该商品的，企业为＿＿＿＿＿＿责任人。

11. 附有客户额外购买选择权的销售，该选择权向客户提供了重大权利的，应当作为＿＿＿＿＿＿。

12. 企业向客户预收销售商品款项的，应当首先将该款项确认为＿＿＿＿＿＿。

13. 企业在合同开始（或接近合同开始）日向客户收取的无须退回的初始费应当计入______________。

三、单项选择题

1. 下列关于合同变更的说法，不正确的是（　　）。

A. 合同变更增加了可明确区分的商品及合同价款，且新增合同价款反映了新增商品单独售价的，应当将该合同变更作为一份单独的合同进行会计处理

B. 合同变更增加了可明确区分的商品及合同价款，若原合同未履行完毕，且合同变更日已转让商品和未转让商品可明确区分的，应在合同变更日重新计算履约进度

C. 合同变更增加了可明确区分的商品及合同价款，若原合同未履行完毕，且合同变更日已转让商品和未转让商品可明确区分的，应当视为原合同终止，同时，将原合同未履约部分与合同变更部分合并为新合同进行会计处理

D. 合同变更增加了可明确区分的商品及合同价款，若原合同未履行完毕，且合同变更日已转让商品和未转让商品不可明确区分的，应当将该合同变更部分作为原合同的组成部分，在合同变更日重新计算履约进度，并调整当期收入和相应成本等

2. 甲公司为一家服装设计和加工公司，其通过参与竞标的方式，承揽了乙公司工装的设计和生产，并与乙公司签订了相关合同。为此，甲公司聘请相关人员做市场调查，发生支出 20 000 元；参与竞标过程共发生支出 8 000 元；发生销售人员佣金 6 000 元。预期这些支出未来能够收回。不考虑其他因素，甲公司应确认合同资产的金额为（　　）元。

A. 20 000　　B. 8 000　　C. 6 000　　D. 34 000

3. 2023 年 5 月 1 日，甲公司与乙公司签订一份销售合同，甲公司向乙公司销售 A、B 两种型号产品，合同总价款为 300 万元。其中，A 产品的单独售价为 210 万元，B 产品的单独售价为 120 万元。合同约定，A 产品于 2023 年 5 月 10 日交付，B 产品于 2023 年 6 月 10 日交付。当 A、B 两种产品均交付之后，甲公司可以收取总货款。假设 A、B 两种产品分别构成单项履约义务，其控制权于交货当日转移给乙公司，不考虑税费等其他因素。甲公司 2023 年 5 月份因该销售合同确认的收入金额应为（　　）万元。

A. 190.91　　B. 120　　C. 180　　D. 200

4. 2023 年 9 月 1 日，甲公司与乙公司签订合同，为乙公司建造一栋办公楼，合同总金额为 3 000 万元，甲公司预计总成本为 2 200 万元。至 2023 年年末，甲公司累计发生成本 880 万元。假定该建造业务构成单项履约义务，且属于在某一时段内履行的履约义务，甲公司是主要责任人。甲公司采用成本法确定履约进度。甲公司 2023 年年末进行的下列会计处理中，不正确的是（　　）。

A. 履约进度确定为 40%　　B. 履约进度确定为 60%

C. 确认收入 1 200 万元　　D. 确认成本 880 万元

5. 某商场为一般纳税人。2023 年元旦期间，该商场进行促销，规定购物每满 100 元积 10 分，每个积分可自次月起在购物时抵减 1 元。截至 2023 年 1 月 31 日，某顾客购买了 1 000 元（不含增值税）的皮包，可获得 100 个积分。根据历史经验，该商场预计积分的兑换率为 85%。不考虑其他因素，该商场销售该皮包时对应积分应分摊的交易价格为（　　）元。

A. 1 000　　B. 921. 66　　C. 78. 34　　D. 900

6. 企业为取得合同发生的下列支出中，不考虑其他因素，应当作为合同取得成本并确认为一项资产的是（　　）。

A. 销售佣金　　B. 差旅费

C. 投标费　　D. 为准备投标资料发生的相关费用

7. 甲公司有一项至 2023 年 12 月 31 日尚未完工的与合同成本有关的资产，其账面价值为 5 000 万元（含已计提的减值准备 300 万元）。由于以前期间减值的因素发生变化，因转让与该资产相关的商品预期能够取得的剩余对价为 6 000 万元，为转让该相关商品估计将要发生的成本为 600 万元。甲公司下列会计处理中，正确的是（　　）。

A. 转回减值准备 400 万元　　B. 转回减值准备 300 万元

C. 不计提减值准备，也不转回减值准备　　D. 计提减值准备 600 万元

8. 甲公司与乙公司签订一份建造合同，为其建造一条生产线。2023 年 1 月 10 日，甲公司为建造该生产线购入工程物资一批，收到的增值税专用发票上注明的价款为 200 万元，增值税税额为 26 万元。1 月 20 日，建造生产线领用工程物资 180 万元。在工程建设期间内，建造生产线的工程人员的薪酬合计为 115 万元，辅助生产车间为建造生产线提供的支出合计 35 万元。6 月 30 日，该工程达到预定可使用状态并交付使用。不考虑其他因素，甲公司 2023 年为此合同发生的合同履约成本为（　　）万元。

A. 330　　B. 350　　C. 364　　D. 384

9. 甲公司 2023 年委托乙商店代销一批零配件，代销价款为 200 万元。2023 年，甲公司收到乙商店交来的代销清单，列明已销售代销零配件的 70%，甲公司收到代销清单时向乙商店开具增值税专用发票。乙商店按代销价款的 10%收取手续费，甲公司对消费者承担商品的主要责任。该批零配件的实际成本为 120 万元。甲公司 2023 年度应确认的销售收入为（　　）万元。

A. 120　　B. 126　　C. 140　　D. 68. 4

10. 甲公司经营一家连锁超市。2022 年，甲公司售出了 16 000 张储值卡，每张卡面值为 100 元、200 元、500 元和 1 000 元不等，总计 630 万元。根据历史经验，该批储值卡中将有大约相当于储值卡面值总额 5%的部分不会被消费。该储值卡不兑现金，不挂失。甲公司下列会计处理中，正确的是（　　）。

A. 在收到储值卡相关款项时确认收入

B. 售出储值卡时即可确认收入

C. 按照顾客使用比例确认收入

D. 将储值卡面值总额 5%的部分确认为营业外收入

11. 下列选项中，不属于无须退回的初始费的是（　　）。

A. 某快餐店内须持卡消费，顾客在购买储值卡时需要先支付 10 元押金，该押金可退，但如果储值卡丢失则押金不予退还

B. 某餐饮店实行会员制，顾客可以花 50 元购买会员卡，持有该会员卡在该餐饮店消费可以享受会员价

C. 某电信公司与客户签订两年的服务合同，客户预付 1 800 元初始费用，以后每月只需再支付 30 元便可享受限定的流量和通话时间，如果超过限定量则按使用量额外付费

D. 某会员制健身俱乐部向顾客一次性收取 200 元入会费，用于补偿俱乐部为客户进行登记注册发生的支出，会员年费还需另外支付

四、多项选择题

1. 下列关于合同资产和合同负债的表述中，不正确的有（　　）。

A. 合同资产是指企业无条件收取合同对价的权利

B. 企业在转让商品之前已经收到客户支付的合同对价，应确认为预收账款

C. 企业在转让商品之前已经收到客户支付的合同对价，应确认为应收账款

D. 合同资产和合同负债在资产负债表中应按照流动性大小分别列示

2. 下列关于可变对价最佳估计数的表述中，正确的有（　　）。

A. 最可能发生金额是一系列可能发生的对价金额中最可能发生的单一金额

B. 企业采用期望值或最可能发生金额估计可变对价时，应当选择能够更好地预测其有权收取的对价金额的方法，不能在两种方法之间随意选择

C. 对于某一事项的不确定性对可变对价金额的影响，企业应当在整个合同期间一致地采用同一种方法进行估计

D. 对于类似的合同，企业应当采用相同的方法进行估计

3. 企业在客户取得商品控制权时确认收入，需要企业与客户的合同同时满足的条件包括（　　）。

A. 合同各方已批准该合同并承诺将履行各自义务

B. 该合同明确了合同各方与所转让的商品相关的权利和义务

C. 该合同具有商业实质，有明确的与所转让的商品相关的支付条款

D. 企业因向客户转让商品而有权取得的对价很可能收回

4. 企业应当在履行了合同中的履约义务，即在客户取得相关商品控制权时确认收入。客户取得商品控制权包括的相关要素有（　　）。

A. 客户必须拥有现时权利，能够主导该商品的使用并从中获得几乎全部经济利益

B. 客户有能力主导该商品的使用

C. 销售方拥有现时权利，能够主导该商品的使用并从中获得几乎全部经济利益

D. 客户能够获得几乎全部的经济利益

5. 下列选项中，属于与收入确认有关的内容有（　　）。

A. 识别与客户订立的合同　　B. 识别合同中的单项履约义务

C. 确定交易价格　　D. 将交易价格分摊至各单项履约义务

6. 企业发生的下列支出中，应直接计入当期损益的有（　　）。

A. 为履行合同发生的直接人工、直接材料、制造费用或类似费用

B. 为取得销售合同支付的销售人员佣金

C. 无法在尚未履行的与已履行（或已部分履行）的履约义务之间作出区分的相关支出

D. 非正常消耗的直接材料、直接人工和制造费用

7. 企业在对合同履约成本和合同取得成本计提减值准备的时候，需要使用的数据包括（　　）。

A. 合同履约成本和合同取得成本的账面价值

B. 企业因转让与该资产相关的商品预期能够取得的剩余对价

C. 为转让该相关商品估计将要发生的成本

D. 转让该相关商品预期将确认的收入

8. 下列关于合同成本的表述，不正确的有（　　）。

A. 企业为取得合同发生的增量成本预期能够收回的，应当作为合同履约成本确认为一项资产

B. 无论是否取得合同均会发生的差旅费、投标费、为准备投标资料发生的相关费用等，应当在发生时计入资产成本

C. 合同履约成本属于非流动资产

D. 企业为履行合同而发生的各种成本，属于合同取得成本

9. 额外购买选择权的情况主要包括（　　）。

A. 销售激励　　B. 客户奖励积分

C. 未来购买商品的折扣券　　D. 合同续约选择权

10. 某公司为一家集电器制造、销售于一体的企业。2023 年 7 月 1 日，该公司销售一批某型号空调，同时向客户承诺，如果存在质量问题，可以在 3 个月内退货。该公司预计退货率为 10%。销售当日，该公司按照收到的销售价款 1 000 万元确认了营业收入，按照该批空调的账面成本结转了营业成本 800 万元。该公司 7 月末审核时发现这一处理有误，重新估计退货率仍为 10%，就此作出更正。假定不考虑增值税的影响，甲公司 2023 年 7 月 31 日所作下列会计处理中，正确的有（　　）。

A. 冲减营业收入 100 万元　　B. 确认预计负债 100 万元

C. 冲减营业成本 80 万元　　D. 冲减存货成本 80 万元

11. 甲公司、乙公司和丙公司均为增值税一般纳税人，2023 年发生如下业务：（1）甲公司委托乙公司销售 A 商品，同时要求乙公司按照甲公司的定价进行销售，甲公司按照乙公司销售额的 5%向其支付手续费；（2）甲公司委托丙公司销售 B 商品，同时规定丙公司可以自主定价，且丙公司未销售的商品不能退回。根据上述资料，下列表述中正确的有（　　）。

A. 甲公司向乙公司销售 A 商品，甲公司属于主要责任人

B. 乙公司对外销售 A 商品，乙公司属于代理人

C. 甲公司向丙公司销售 B 商品，甲公司属于主要责任人

D. 丙公司对外销售 B 商品，丙公司属于代理人

五、判断题

1. 企业向客户预收销售商品款项的，应当首先将该款项确认为负债，待履行了相关履约义务时再转为收入。（ ）

2. 企业在履约过程中若持续地向客户转移企业履约所带来的经济利益，则该履约义务属于在某一时段内履行的履约义务。（ ）

3. 受托方获得相关商品控制权的，企业应当按销售商品进行会计处理，这种安排属于委托代销安排。（ ）

4. 售后代管商品安排不要求具有商业实质。（ ）

5. 与合同成本有关的资产，应当采用与该资产相关的商品收入确认相同的基础进行摊销，计入当期损益。（ ）

6. 企业为取得合同发生的增量成本预期能够收回的，应作为合同履约成本确认为一项资产。（ ）

7. 企业应当对服务类质量保证按照《企业会计准则第 13 号——或有事项》的规定进行会计处理。（ ）

8. 初始费与向客户转让已承诺的商品不相关的，该初始费应当作为未来将转让商品的预收款，在未来转让该商品时确认为收入。（ ）

9. 每一资产负债表日，企业应当重新估计未来销售退回情况，并对资产和负债进行重新计量。如有变化，应当作为会计政策变更进行会计处理。（ ）

六、简答题

1. 简述收入确认和计量“五步法”的内容。

2. 售后代管商品安排满足哪些条件才表明客户取得控制权？

3. 与合同直接相关的成本包括哪些？

4. 确认为资产的合同履约成本如何在财务报表中列示？

5. 判断质量保证的类型时应考虑的因素有哪些？

6. 无须退回的初始费如何进行会计处理？

七、案例分析题

1. 2021 年 1 月 1 日，甲公司与丙公司签订合同，向丙公司销售其生产成本为 300 万元的商务车，商务车的控制权已于当日转移给丙公司。根据合同约定，丙公司如果当日付款，需支付 400 万元；如果在 2023 年 12 月 31 日付款，则需按 3%的年利率支付利息与货款共计 437 万元。丙公司选择 2023 年 12 月 31 日付款。甲公司确定该合同存在重大融资成分，不考虑其他因素。

要求：编写甲公司该销售业务的相关会计分录（单位：万元）。

2. 2024 年 1 月 1 日，甲公司为乙公司提供为期 3 个月的装修服务。合同价款为 10 万元，如按时完工可额外获得 100 股乙公司股票。合同开始日相关股票市价为每股 50 元，甲公司预计可按时完工。甲公司将预计获得的股票作为交易性金融资产核算。2024 年 3 月 31 日，甲公司按时完工，完工时乙公司股票的公允价值为每股 60 元。

要求：

（1）计算甲公司在合同开始日应确认的交易价格。

（2）判断完工时乙公司股票的公允价值变动应记入的会计科目。

3. 甲公司为增值税一般纳税人，适用的增值税税率为13%。2024年6月30日，甲公司向乙公司销售一批商品，开具的增值税专用发票注明销售价款为300万元，增值税税额为39万元。该批商品成本为260万元，销售款项尚未收到。甲公司在销售时已知乙公司资金周转发生困难，但为了维持与乙公司良好的商业合作关系，甲公司仍将商品发往乙公司。甲公司发出商品时增值税纳税义务已经发生。假定2024年7月15日，甲公司得知乙公司经营状况好转，乙公司承诺近期付款。

要求：编写甲公司该销售业务的会计分录。

4. 某公司是一家咨询公司，通过竞标赢得一家新客户。为取得和该客户的合同，该公司发生下列支出：

（1）聘请外部律师进行尽职调查的支出为15 000元。

（2）因投标发生的差旅费为1万元。

（3）销售人员佣金为5 000元，公司预期这些支出未来能够收回。

（4）该公司根据其年度销售目标、整体盈利情况及个人业绩等，向销售部门经理支付年度奖金1万元。

要求：判断上述业务支出是否属于合同取得成本，并说明理由。

5. 2023 年 12 月 1 日，甲公司与乙公司签订一份为期 3 个月的装修合同，合同约定装修价款为 50 万元，装修费用每月月末按履约进度支付。其他资料如下：

（1）截至 2023 年 12 月 31 日，甲公司为完成该合同累计发生劳务费用 10 万元（假定均为装修人员薪酬），估计还将发生劳务费用 30 万元。

（2）2024 年 1 月，当期为完成该合同发生劳务费用 18 万元（假定均为装修人员薪酬），为完成该合同估计还将发生劳务费用 12 万元。

（3）2024 年 2 月底，装修工程完工，乙公司验收合格。2024 年 2 月，当期为完成该合同发生劳务费用 12 万元（假定均为装修人员薪酬）。

假定该业务属于甲公司的主营业务，全部由其自行完成；该装修服务构成单项履约义务，并属于在某一时段内履行的履约义务；甲公司按照实际发生的成本占估计总成本的比例确定履约进度。不考虑增值税等其他因素。

要求：编写甲公司该项业务相关的会计分录。

6. 甲公司为增值税一般纳税人，适用的增值税税率为13%。甲公司2023年发生如下经济业务：

（1）1月5日，甲公司向丙公司赊销商品200件，单位售价为300元（不含增值税），单位成本为260元。甲公司发出商品并开具增值税专用发票。根据协议，商品赊销期为1个月，6个月内丙公司有权将未售出的商品退回甲公司，甲公司根据实际退货数量，给丙公司开具红字增值税专用发票并退还相应的货款。甲公司根据以往的经验，估计退货率为20%。2月5日，甲公司收到货款。7月5日退货期满，丙公司实际退回商品50件，甲公司当天开出红字增值税专用发票并当即返还货款，收到退货。

（2）1月10日，甲公司向戊公司销售产品150件，单位售价为680元（不含增值税），单位成本为520元，并开具增值税专用发票一张。甲公司在销售时已获悉戊公司面临资金周转困难，近期内很难收回货款，但考虑到戊公司的财务困难只是暂时性的，将来仍有可能收回货款，甲公司仍将产品发运给了戊公司。戊公司经过一段时间的积极运作，资金周转困难逐渐得以缓解，于2023年6月1日给甲公司开出一张面值115 260元、为期6个月的银行承兑汇票。

要求：假设不考虑甲公司发生的其他相关税费，编写甲公司相关会计分录。

第十二章　政府补助核算

一、名词解释

1. 总额法

2. 净额法

二、填空题

1. 企业不论通过何种形式取得的政府补助，在会计处理上应当划分为与____________相关的政府补助和与____________相关的政府补助。

2. 按照____________计量的政府补助，应直接计入当期损益。

3. 与收益相关的政府补助，用于补偿企业以后期间的相关成本费用或损失的，应首先确认为____________。

4. 与资产相关的政府补助产生的递延收益自资产____________起摊销。

5. 企业选择总额法对与日常活动相关的政府补助进行会计处理的，应增设____________科目进行核算。

6. 通常情况下，对____________的政府补助业务只能选用一种核算方法。

7. 采用__________法核算时，如果对应的长期资产在持有期间发生减值损失，递延收益的摊销仍保持不变，不受减值因素的影响。

8. 企业需要将政府补助进行分解并分别进行会计处理。难以区分的，应当将其整体归类为____________的政府补助进行处理。

三、单项选择题

1. 政府补助的基本特征是（　　）。

A. 无偿性　　B. 强制性　　C. 公正性　　D. 对等性

2. 企业取得的下列政府资源，不属于政府补助的是（　　）。

A. 政府对企业的无偿拨款　　B. 政府无偿划拨的土地使用权

C. 增值税出口退税　　D. 税收返还

3. 2023 年 2 月，某公司需购置一台环保设备，预计价款为 3 000 万元。因资金不足，该公司按相关规定向有关部门提出补助 1 080 万元的申请。2023 年 3 月 1 日，政府相关部门批准了该公司的申请并拨付 1 080 万元财政拨款（资金同日到账）。2023 年 4 月 1 日，该公司购入环保设备并投入使用，实际成本为 1 800 万元，预计使用 5 年，预计净残值为 0，采用直线法计提折旧。该公司采用总额法对与资产相关的政府补助进行核算，并采用与固定资产相同的折旧率进行分摊。不考虑其他因素，该公司 2023 年应确认的其他收益金额为（　　）万元。

A. 780　　B. 216　　C. 162　　D. 144

4. 某公司 2023 年收到政府财政拨款 5 万元、财政贴息 4 万元、税收返还 2 万元、资本性投入 1 万元，则该公司在 2023 年获得的政府补助金额为（　　）万元。

A. 9　　B. 11　　C. 12　　D. 10

5. 某公交公司因票价受到政府限制，2023 年年末收到当地政府给予的 500 万元财政拨款，其中 200 万元用于补偿 2023 年企业的经营亏损，剩余的 300 万元作为 2024 年度的补贴。企业已收到款项并存入银行。不考虑其他因素，该公司 2023 年应确认的其他收益为（　　）万元。

A. 200　　B. 300　　C. 100　　D. 500

6. 某公司 2020 年 12 月申请某项国家级研发补贴。申报书中的有关内容如下：本公司于 2020 年 1 月启动汽车混合燃料技术研发项目，预计总投资 5 000 万元，为期 3 年，已投入资金 3 000 万元。项目还需新增投资 2 000 万元（其中，购置固定资产 1 000 万元、场地租赁费 100 万元、人员费 600 万元、市场营销费 300 万元），计划自筹资金 1 000 万元，申请财政拨款 1 000 万元。2021 年 1 月 1 日，主管部门批准了该公司的申请，签订的补贴协议规定：对该公司申请的补贴款项 1 000 万元分两次拨付，合同签订日拨付 500 万元，结项验收时拨付 500 万元。2023 年 1 月 1 日，该研发项目完工并通过验收。该公司所在地政府按照协议按时拨付了款项。假定该公司对该项补贴难以区分与资产相关的部分和与收益相关的部分，该公司对其政府补助采用总额法核算，并对取得的与资产相关的政府补助采用直线法分摊。不考虑其他因素，该公司于 2023 年应确认的其他收益金额为（　　）万元。

A. 500　　B. 1 000　　C. 333. 33　　D. 166. 67

四、多项选择题

1. 某公司 2023 年发生了以下交易或事项：（1）需要购置一台环保设备，但是由于资金不足，按照有关规定向政府提出 200 万元的补助申请，政府同意该申请，并拨付款项；（2）因招收残疾人员入职取得政府给予的补助款项 25 万元；（3）收到当地政府的投资款项 2 000 万元；（4）政府本期免征该公司增值税 50 万元。该公司对政府补助均采用总额法核算，不考虑其他因素。根据政府补助的相关概念以及上述事项，下列说法中不正确的有（　　）。

A. 为购置环保设备取得的财政拨款属于与资产相关的政府补助

B. 因招收残疾人入职取得的补助款项不属于政府补助

C. 接受的政府投资属于与资产相关的政府补助

D. 免征的企业增值税属于与收益相关的政府补助

2. 下列选项中，不属于政府对企业的无偿拨款的有（　　）。

A. 免征的所得税

B. 拨付给企业的粮食定额补贴

C. 先征后返的消费税

D. 财政部门拨给企业用于购建固定资产或进行技术改造的专项资金

3. 下列关于政府补助特征的说法中，正确的有（　　）。

A. 政府补助是无偿的

B. 政府补助通常附有一定的条件

C. 政府补助是来源于政府的经济资源

D. 直接减征、免征、增加计税抵扣额及抵免部分税额属于政府补助

4. 下列关于与收益相关的政府补助的说法中，正确的有（　　）。

A. 用于补偿企业以后期间相关成本费用或损失，且客观情况表明企业能够满足政府补助所附条件的，则应当确认递延收益，并在确认相关费用或损失的期间，计入当期损益或冲减相关成本

B. 用于补偿企业以后期间相关成本费用或损失，且客观情况暂时无法确定企业是否满足政府补助所附条件的，则收到时应先确认为其他应付款

C. 实际收到用于补偿企业已经发生的相关成本费用或损失的补助资金时，应当按照实际收到的金额计入当期损益或冲减相关成本

D. 用于补偿企业已经发生的相关成本费用或损失的，如果会计期末企业尚未收到补助资金，则企业不能进行任何会计处理

5. 2017 年 3 月 5 日，某公司取得当地政府拨入的财政拨款 400 万元，用于购买科研设备。2017 年 6 月 21 日，该公司购入该研发设备并立即投入使用，发生的实际成本为 840 万元。该设备预计可使用 10 年，采用年限平均法计提折旧，预计净残值为 40 万元。2023 年 1 月 1 日，该公司以 600 万元出售上述设备。该公司对该政府补助采用总额法核算，并采用直线法摊销。下列说法中，正确的有（　　）。

A. 该公司取得政府拨款时应当直接计入当期损益 400 万元

B. 该公司取得政府拨款时应当冲减以后期间固定资产成本 400 万元

C. 该公司 2017 年针对该设备计提折旧的金额为 40 万元

D. 该公司 2023 年因设备出售影响当期损益的金额为 380 万元

五、判断题

1. 政府补助是指企业从政府无偿取得的货币性资产或非货币性资产，但不包括政府作为企业所有者投入的资本。 ( )

2. 与资产相关的政府补助产生的递延收益摊销至资产使用寿命结束或资产被处置时(按较晚者)。 ( )

3. 已确认的政府补助需要退回时，如果存在尚未分摊的递延收益，应当冲减相关递延收益账面余额，超出部分计入资本公积。 ( )

4. 企业收到与日常活动无关的政府补助时，若采用总额法核算，则最终计入其他收益；若采用净额法核算，则最终计入营业外收入。 ( )

5. 企业取得与收益相关的政府补助，且补偿以后期间的费用或损失的，如果收到时无法确定能否满足政府补助所附的条件，则应先记入“预收账款”科目。 ( )

六、简答题

1. 与资产相关的政府补助如何进行会计处理？

2. 与收益相关的政府补助如何进行会计处理？

3. 对政府补助进行会计处理时应注意哪些问题？

4. 政府补助退回的一般处理方法有哪些？

七、案例分析题

某公司为增值税一般纳税人，适用的增值税税率为13%。2023年，该公司从财政部门取得以下款项：

（1）2月20日，收到拨来的以前年度已完成重点科研项目的经费补贴2 600万元。

（2）6月20日，取得国家对公司技改项目的支持资金1 480万元，用于购置固定资产（设备），取得增值税专用发票，价款为3 000万元，增值税进项税额为390万元，相关资产于当年12月28日达到预定可使用状态，预计可使用20年，采用年限平均法计提折旧。

（3）7月20日，取得当地财政部门拨款1 860万元，用于资助公司2023年7月开始进行的一项研发项目的前期研究。该研发项目预计周期为两年，预计将发生研究支出3 000万元。项目自2023年7月启动，至当年年末累计发生研究支出1 500万元（均为薪酬）。假定该补贴全部符合政府补助所附条件。

（4）12月30日，收到战略性新兴产业研究补贴4 000万元。该项目至取得补贴款时已发生研究支出1 600万元，其中费用化支出1 000万元，资本化支出600万元，均为职工薪酬，预计项目结束前仍将发生研发支出2 400万元。假定该补贴全部符合政府补助所附条件。公司按照已发生支出占预计发生支出总额的比例分摊政府补助。

该公司对其与收益相关的政府补助采用总额法核算并按照已发生支出占预计发生支出总额的比例分摊，对其与资产相关的政府补助采用净额法核算。不考虑其他因素。

要求：

（1）根据资料（1）编写相关会计分录。

（2）根据资料（2）编写相关会计分录。

（3）根据资料（3），说明企业对该政府补助的核算方法并编写相关会计分录。

（4）根据资料（4），判断该交易应按与收益相关的政府补助处理还是按与资产相关的政府补助处理，编写相关会计分录。

第十三章　所得税核算

一、名词解释

1. 资产的计税基础

2. 负债的计税基础

二、填空题

1. 我国企业采用____________核算所得税。

2. 暂时性差异是指资产或负债的____________与其____________之间的差额。

3. 暂时性差异分为____________和____________。

4. 按照税法规定可以结转以后年度的未弥补亏损及税款抵减，在符合确认条件的情况下，应确认与其相关的____________。

5. 除直接计入所有者权益的交易或事项以及企业合并外，在确认递延所得税负债的同时，应增加利润表中的____________。

6. 非同一控制下的企业免税合并中，由于确认递延所得税会产生循环计算，所以会计准则规定____________相关的递延所得税负债。

7. 无论应纳税暂时性差异的转回期间如何，递延所得税负债的确认____________折现。

8. 资产负债表日，企业应当对____________的账面价值进行复核。

9. 所得税费用包括____________和____________。

10. 用资产负债表债务法处理所得税的相关业务，其最终目的是在利润表中全面客观地反映所得税费用的____________情况。

三、单项选择题

1. 下列选项中，会产生可抵扣暂时性差异的是（　　）。

A. 固定资产会计折旧额小于税法最低折旧额

B. 企业持有的某固定资产，会计上规定按 10 年采用直线法计提折旧，税法规定按 8 年采用直线法计提折旧

C. 固定资产期末公允价值大于账面价值

D. 对于无形资产，企业根据期末可收回金额小于账面价值的差额计提减值准备

2. 下列交易或事项中，计税基础不等于账面价值的是（　　）。

A. 企业因销售商品提供售后服务等原因于当期确认了 100 万元的预计负债，按照税法规定，该费用应于实际发生时作税前扣除

B. 企业为关联方提供债务担保，确认了预计负债 1 000 万元，按照税法规定，该费用不允许作税前扣除

C. 企业当期确认应支付的职工工资及其他薪金性质支出共计 1 000 万元，尚未支付。按照税法规定的计税工资标准，可以于当期扣除的部分为 800 万元

D. 税法规定的收入确认时点与会计准则一致，会计上确认合同负债 500 万元

3. 某公司于 2022 年 1 月取得一项投资性房地产，取得成本为 300 万元，采用公允价值模式计量。2022 年 12 月 31 日，该项投资性房地产的公允价值为 350 万元。税法规定，房屋按 20 年计提折旧。该公司采用双倍余额递减法计提折旧，该项投资性房地产的预计净残值率为 3%。该项投资性房地产在 2022 年年末的计税基础为（　　）万元。

A. 300　　B. 350　　C. 272. 5　　D. 273. 325

4. 某公司 2022 年 9 月 1 日发行 50 万份短期融资券，每份面值为 10 元，年利率为 5%。该公司将该短期融资券指定为以公允价值计量且其变动计入当期损益的金融负债。2022 年 12 月 31 日，该项短期融资券公允价值为 600 万元。不考虑其他因素，下列表述中不正确的是（　　）。

A. 该项交易性金融负债的初始成本为 500 万元

B. 该项交易性金融负债期末的账面价值为 600 万元

C. 该项交易性金融负债期末的计税基础为 500 万元

D. 该项交易性金融负债期末的摊余成本为 525 万元

5. 下列负债中，计税基础为零的是（　　）。

A. 因欠税产生的应交税款滞纳金

B. 因购入存货形成的应付账款

C. 因确认保修费用形成的预计负债

D. 为职工计提的应付养老保险费

6. 下列关于无形资产会计处理的表述中，正确的是（　　）。

A. 内部研究开发形成的无形资产的加计摊销额属于暂时性差异，应确认递延所得税资产

B. 内部研究开发形成的无形资产的加计摊销额属于非暂时性差异，应确认递延所得税负债

C. 内部研究开发形成的无形资产的加计摊销额属于暂时性差异，不应确认递延所得税资产

D. 内部研究开发形成的无形资产的加计摊销额属于非暂时性差异，不应确认递延所得税资产

7. 某公司 2006 年 12 月 31 日购入价值 20 万元的设备，预计使用寿命为 5 年，无残值，采用直线法计提折旧，计税时采用双倍余额递减法计提折旧。2008 年及以前期间适用的所得税税率为 33%。按照 2008 年颁布的企业所得税法，该公司从 2009 年起适用的所得税税率为 25%。该公司 2008 年 12 月 31 日的递延所得税负债余额为（　　）万元。

A. 0.12　　B. 1.58　　C. 1.2　　D. 4

8. 下列关于暂时性差异的说法中，正确的是（　　）。

A. 企业形成暂时性差异必然会确认递延所得税

B. 非同一控制下企业合并中形成的商誉确认的计税基础等于账面价值

C. 除企业合并以外的其他交易或事项中，如果该项交易或事项发生时既不影响会计利润也不影响应纳税所得额，形成的暂时性差异不需要确认递延所得税

D. 按权益法核算的长期股权投资一定会产生应纳税暂时性差异

9. 在确认递延所得税时，直接计入所有者权益的交易或事项是（　　）。

A. 因投资性房地产采用公允价值模式计量时确认的公允价值变动产生的暂时性差异

B. 因固定资产折旧年限与税法规定的折旧年限不一致产生的暂时性差异

C. 因其他权益工具投资公允价值变动产生的暂时性差异

D. 因企业合并时购买方资产账面价值与公允价值不一致产生的暂时性差异

10. 某公司持有的某项其他权益工具投资，成本为 200 万元。会计期末，其公允价值为 240 万元。该公司适用的所得税税率为 25%。期末该业务对所得税费用的影响额为（　　）万元。

A. 60　　B. 8　　C. 50　　D. 0

11. 某公司 2021 年 1 月 1 日开业，2021 年和 2022 年免征企业所得税。从 2023 年起，适用的所得税税率为 25%。该公司 2021 年开始摊销无形资产，2021 年 12 月 31 日，其账面价值为 900 万元，计税基础为 1 200 万元。2022 年 12 月 31 日，其账面价值为 540 万元，计税基础为 900 万元。假定资产负债表日有确凿证据表明未来期间能够产生足够的应纳税所得额，用来抵扣可抵扣暂时性差异，则该公司 2022 年应确认的递延所得税收益为（　　）万元。

A. 0　　B. 15　　C. 90　　D. −15

12. 下列关于所得税费用计算的表述中，不正确的是（　　）。

A. 所得税费用等于当期所得税费用加递延所得税负债减去递延所得税资产

B. 在不存在非暂时性差异、税率变动及不确认递延所得税的暂时性差异的情况

下，所得税费用等于利润总额乘以适用税率

C. 其他权益工具投资由于公允价值变动产生的递延所得税应计入所有者权益，不影响所得税费用的计算

D. 递延所得税负债减去递延所得税资产（扣除其他综合收益之后的金额）的结果如果是正数，表示为递延所得税费用，反之则为递延所得税收益

13. 某公司采用资产负债表债务法进行所得税会计处理。2022 年，该公司实现利润总额 500 万元，所得税税率为 25%。公司当年因违法经营被罚款 5 万元，业务招待费超支 10 万元，国债利息收入为 30 万元，当年年初“预计负债——产品质量保证”账户余额为 30 万元，当年计提产品质量保证金 15 万元，当年兑付保修费用 6 万元。该公司 2022 年的净利润为（　　）万元。

A. 160. 05　　B. 378. 75　　C. 330　　D. 235. 8

四、多项选择题

1. 下列经济业务或事项，会产生可抵扣暂时性差异的有（　　）。

A. 因合同违约被起诉，法院尚未判决前确认的预计负债

B. 当期发生的业务宣传费超支，税法规定可以结转以后年度扣除

C. 采用成本模式计量时，计提投资性房地产减值准备

D. 当期购入的交易性金融资产期末公允价值上升

2. 某公司 2023 年发生广告费 1 000 万元，至当年年末已全额支付给广告公司。税法规定，企业发生的广告费、业务宣传费不超过当年销售收入 15%的部分允许税前扣除，超过部分允许结转以后年度税前扣除。该公司 2023 年实现销售收入 5 000 万元。下列会计处理中不正确的有（　　）。

A. 将广告费视为资产，其计税基础为 250 万元

B. 确认可抵扣暂时性差异，金额为 250 万元

C. 确认应纳税暂时性差异，金额为 250 万元

D. 将广告费视为资产，其计税基础为 0 元

3. 下列交易或事项中，不产生应纳税暂时性差异的有（　　）。

A. 企业对销售的商品计提产品质量保证金，于当期确认 160 万元的预计负债

B. 企业为关联方提供债务担保，确认了预计负债 2 600 万元

C. 企业当期计入成本费用的职工工资总额为 1 000 万元，尚未支付

D. 税法规定的收入确认时点与会计准则一致，会计上确认合同负债 1 500 万元

4. 下列选项中，会产生应纳税暂时性差异的有（　　）。

A. 资产账面价值小于计税基础　　B. 资产账面价值大于计税基础

C. 负债账面价值大于计税基础　　D. 负债账面价值小于计税基础

5. 对于采用权益法核算的长期股权投资，其账面价值与计税基础产生的暂时性差异是否应确认相关的所得税影响，下列有关说法中正确的有（　　）。

A. 如果企业拟长期持有该项投资，则因初始投资成本的调整产生暂时性差异预计

未来期间很可能转回，应确认与其相关的所得税影响

B. 如果企业拟长期持有该项投资，因确认投资损益产生暂时性差异，如果在未来期间逐期分回现金股利或利润时免税，那么不存在对未来期间的所得税影响

C. 因确认应享有被投资单位其他权益的变动而产生的暂时性差异，在长期持有的情况下，一般不确认相关的所得税影响

D. 如果企业拟长期持有该项投资，则不应确认因计提减值准备而产生的暂时性差异的所得税影响

6. 按现行会计准则规定，“递延所得税负债”科目贷方登记的内容有（　）。

A. 资产的账面价值大于计税基础产生的暂时性差异影响所得税费用的金额

B. 负债的账面价值大于计税基础产生的暂时性差异影响所得税费用的金额

C. 负债的账面价值小于计税基础产生的暂时性差异影响所得税费用的金额

D. 递延所得税负债期初余额在贷方，因本期所得税税率上升调整的递延所得税负债金额

7. 根据《企业会计准则第 18 号——所得税》的规定，下列表述正确的有（　　）。

A. 资产负债表日，对于当期和以前期间形成的当期所得税负债（或资产），应当按照税法规定计算的预期应缴纳（或返还）的所得税金额计量

B. 资产负债表日，对于递延所得税资产和递延所得税负债，应当根据税法规定，按照当期适用的所得税税率计量

C. 适用税率发生变化的，应对已确认的递延所得税资产和递延所得税负债进行重新计量，除直接计入所有者权益的交易或者事项产生的递延所得税资产和递延所得税负债以外，应当将其影响数计入变化当期的所得税费用

D. 递延所得税资产和递延所得税负债的计量，应当反映资产负债表日企业预期收回资产或清偿负债方式的所得税影响，即在计量递延所得税资产和递延所得税负债时，应当采用与收回资产或清偿债务的预期方式相一致的税率和计税基础

8. 采用资产负债表债务法时，调减所得税费用的项目包括（　　）。

A. 本期由于税率变动或开征新税调减的递延所得税资产或调增的递延所得税负债

B. 本期转回的前期确认的递延所得税资产

C. 本期由于税率变动或开征新税调增的递延所得税资产或调减的递延所得税负债

D. 本期转回的前期确认的递延所得税负债

9. 下列表述中，正确的有（　　）。

A. 弥补亏损产生的递延所得税会影响所得税费用金额

B. 以公允价值模式计量的投资性房地产因公允价值变动产生的暂时性差异确认的递延所得税，影响所有者权益

C. 企业应以当前适用的税率计算确定递延所得税

D. 其他债权投资因公允价值变动产生的暂时性差异确认的递延所得税，影响所有者权益

五、判断题

1. 负债产生的暂时性差异等于未来期间计税时按照税法规定可予税前扣除的金额。（ ）

2. 企业确认的合同负债，其计税基础一定等于账面价值。（ ）

3. 资产负债表日，如果未来期间很可能无法获得足够的应纳税所得额用以抵扣递延所得税资产的利益，应当减记递延所得税资产的账面价值，并且按照资产减值相关会计准则的规定，在以后期间不得恢复其账面价值。（ ）

4. 递延所得税资产发生减值时，企业应将减值金额记入“资产减值损失”科目。（ ）

5. 利润表中当期所得税部分是根据应纳税所得额与适用所得税税率计算确认的。（ ）

6. 其他权益工具投资公允价值变动产生的递延所得税业务不影响所得税费用。（ ）

六、简答题

1. 什么是应纳税暂时性差异？

2. 什么是可抵扣暂时性差异？

3. 递延所得税资产或递延所得税负债的搭配科目有哪些？

4. 简述不确认递延所得税资产的特殊情况。

5. 所得税费用应如何计算？

6. 如何根据会计分录确定递延所得税费用？

七、案例分析题

1. 某公司2022年发生下列经济业务：

（1）2021年年末入账价值为600万元的固定资产，2022年会计计提折旧80万元，计提减值准备30万元，税法允许计提的折旧额为100万元。

（2）2022年3月购入的交易性金融资产，入账价值为200万元，2022年公允价值累计上升30万元。

（3）2022年计提职工薪酬800万元，税法允许当年扣除的部分为620万元，超过部分允许以后年度扣除。

（4）2022年发生广告费支出150万元，税法允许当年扣除128万元，超过部分以后年度可以扣除。

（5）2022年公司发生亏损160万元，税法允许未来扣除。

要求：判断该公司相关业务产生的资产或负债的账面价值和计税基础，并判断产生的暂时性差异类型。

2. 某公司2022年度和2023年度实现的利润总额均为800万元，所得税采用资产负债表债务法核算，适用的所得税税率为25%。该公司2022年度、2023年度与所得税有关的经济业务如下：

（1）2022年发生广告费支出1 000万元，发生时已作为销售费用计入当期损益。公司2022年实现销售收入5 000万元。

2023年发生广告费支出400万元，发生时已作为销售费用计入当期损益。公司2023年实现销售收入5 000万元。

税法规定，该类支出不超过当年销售收入15%的部分，准予扣除；超过15%的部分，准予在以后纳税年度结转扣除。

（2）公司对其所销售产品均承诺提供3年的保修服务。因产品保修承诺在2022年度利润表中确认了200万元的销售费用，同时确认为预计负债。2022年没有实际发生产品保修费用支出。

2023年，公司实际发生产品保修费用支出100万元，因产品保修承诺在2023年度利润表中确认了250万元的销售费用，同时确认为预计负债。

税法规定，产品保修费用在实际发生时才允许税前扣除。

（3）2021年12月12日购入一台管理用设备，取得成本为400万元，会计上采用年限平均法计提折旧，使用寿命为10年，预计净残值为0。公司在计税时按5年的使用寿命计提折旧，折旧方法及预计净残值与会计相同。

2023年年末，因该设备出现减值迹象，公司对该项设备进行减值测试，发现该项设备的可收回金额为300万元，使用寿命与预计净残值没有变化。

（4）2022年购入一项交易性金融资产，取得成本为500万元。2022年年末，该项交易性金融资产公允价值为650万元。2023年年末，该项交易性金融资产公允价值为570万元。

要求：

（1）计算 2022 年应交所得税、递延所得税以及利润表中确认的所得税费用，并编写与所得税相关的会计分录。

（2）计算 2023 年应交所得税、递延所得税以及利润表中确认的所得税费用，并编写与所得税相关的会计分录。

（3）根据上述资料，确认并计算 2022 年、2023 年各业务产生的递延所得税资产或递延所得税负债金额。

3. 某股份有限公司2023年1月1日递延所得税资产（全部为存货项目计提的跌价准备）为66万元，递延所得税负债（全部为交易性金融资产项目的公允价值变动）为33万元，适用的所得税税率为25%。2023年，该公司提交的高新技术企业申请已获得批准。自2024年1月1日起，适用的所得税税率变更为15%。

该公司2023年利润总额为10 000万元，涉及所得税的交易或事项如下：

（1）2023年1月1日，以2 086.54万元自证券市场购入当日发行的一批3年期国债。国债票面金额为2 000万元，票面年利率为6%，实际利率为5%，分期付息，到期一次还本。该公司将该国债作为债权投资核算。

税法规定，国债利息收入免交所得税。

（2）2023年1月1日，以4 000万元自证券市场购入当日发行的一批5年期、到期还本每年付息的公司债券。该批债券票面总金额为4 000万元，票面年利率为5%，实际利率为5%。公司将其作为债权投资核算。

税法规定，公司债券利息收入需要缴纳所得税。

（3）2022年11月23日，购入一套管理用设备，支付购买价款等共计2 900万元。2022年12月30日，该设备经安装达到预定可使用状态，发生安装费用100万元。公司预计该设备使用寿命为5年，预计净残值为0，采用年数总和法计提折旧。

税法规定，该类固定资产采用年限平均法计提折旧。

（4）2023年6月20日，因违反税收规定被税务部门处以20万元罚款，罚款未支付。税法规定，企业违反国家法规所支付的罚款不允许在税前扣除。

（5）2023年10月5日，自证券市场购入某公司股票，支付价款400万元（假定不考虑交易费用）。公司将该股票作为其他权益工具投资核算。2023年12月31日，该股票的公允价值为300万元。

税法规定，其他权益工具投资持有期间公允价值变动金额不计入应纳税所得额，待出售时一并计入应纳税所得额。

（6）2023年12月10日，被某企业起诉，要求其赔偿未履行合同造成的经济损失。2023年12月31日，该诉讼尚未审结。公司预计很可能支出的金额为200万元。税法规定，该诉讼损失在实际发生时允许在税前扣除。

（7）2023年计提产品质量保证金340万元，实际发生保修费用180万元。

（8）2023年未发生存货跌价准备的变动。

（9）2023年未发生交易性金融资产项目的公允价值变动。

公司预计在未来期间有足够的应纳税所得额用于抵扣可抵扣暂时性差异。

要求：

（1）计算该公司2023年应纳税所得额和应交所得税。

（2）分别计算该公司2023年的递延所得税资产发生额、递延所得税负债发生额、应确认的递延所得税费用以及所得税费用总额。

（3）编写该公司2023年确认所得税费用的相关会计分录。

第十四章　财务报表编制

一、名词解释

1. 财务报表

2. 重要性

二、填空题

1. 一套完整的财务报表至少应当包括资产负债表、利润表、现金流量表、所有者权益变动表及____________。

2. 反映企业财务状况和经营成果的书面文件是____________，包括财务报表、财务报表附注和财务情况说明书。

3. 按财务报表编报主体不同，可将财务报表分为____________和____________。

4. 企业应当以____________为基础编制财务报表。

5. 反映母公司和其全部子公司形成的企业集团的财务状况、经营成果及现金流量的报表是____________。

6. 合并财务报表的编制主体是____________。

7. 合并财务报表遵循__________方法编制。

8. 同一控制下的企业合并，合并方应以被合并方合并前已确认的资产、负债的____________进行合并确认。

9. 合并方编制的合并日合并利润表，应包含合并方及被合并方自____________至合并日实现的净利润。

10. 在合并资产负债表时，合并中取得的被购买方各项可辨认资产、负债应以其在购买日的____________计量。

11. 固定资产终止使用后即进入清理阶段，合并财务报表抵销分录需将“固定资产——原价”和“固定资产——累计折旧”替换为____________。

三、单项选择题

1. 财务报表按照编报期间不同，可以分为（　　）。

A. 中期财务报表和年度财务报表　　B. 个别财务报表和合并财务报表

C. 资产负债表和利润表　　D. 资产负债表和附注

2. 通常情况下，企业应列报所有项目上一个可比会计期间的比较数据，至少包括（　　）各类报表及相关附注。

A. 一期　　B. 两期　　C. 三期　　D. 四期

3. 企业至少应当按（　　）编制财务报表。

A. 旬　　B. 月　　C. 季度　　D. 年

4. 母公司在编制合并财务报表前，对子公司所采用会计政策与其不一致的情形进行的下列会计处理中，正确的有（　　）。

A. 按照子公司的会计政策另行编制母公司的财务报表

B. 母公司按照母公司的会计政策另行编制子公司的财务报表

C. 按照母公司的会计政策对子公司财务报表进行必要的调整

D. 按照子公司的会计政策对母公司自身财务报表进行必要的调整

5. 编制合并财务报表前，对非同一控制下控股合并取得的子公司的各项可辨认资产、负债及或有负债等应以购买日的（　　）为基础进行调整。

A. 公允价值　　B. 市场价值　　C. 账面价值　　D. 评估价值

6. 甲公司拥有乙公司有表决权股份的60%；乙公司拥有丙公司有表决权股份的52%，拥有丁公司有表决权股份的31%；甲公司直接拥有丁公司有表决权股份的22%；甲公司接受戊公司的委托，对戊公司的子公司己公司提供经营管理服务，甲公司与戊公司和己公司之间没有直接或间接的投资关系。假定上述公司均以其所持表决权股份参与被投资企业的财务和经营决策，不考虑其他因素，下列公司中，不应纳入甲公司合并财务报表范围的是（　　）公司。

A. 乙　　B. 丙　　C. 丁　　D. 己

7. 母公司当期销售一批产品给子公司，销售成本为6 000元，售价为8 000元。截至当期期末，子公司已对外销售该批存货的60%，取得收入5 000元。不考虑其他因素，子公司期末存货价值中包含的未实现内部销售利润为（　　）元。

A. 4 800　　B. 800　　C. 1 200　　D. 3 200

8. A公司为B公司的母公司。A公司当期销售一批产品给B公司，销售成本为100万元，售价为150万元。截至当期期末，子公司已对外销售该批存货的60%，期末留存的存货的可变现净值为45万元。不考虑其他因素，A公司在当期期末编制合并财务报表时应抵销的存货跌价准备的金额为（　　）万元。

A. 15　　B. 20　　C. 0　　D. 50

9. 某子公司上期从母公司购入的100万元存货全部在本期实现销售，取得140万元的销售收入，母公司该项存货的销售成本为80万元。母公司编制本期合并财务报表时（假定不考虑内部销售产生的暂时性差异），应编写的抵销分录为（　　）。

A. 借：年初未分配利润　40

　　贷：营业成本　40

B. 借：年初未分配利润　20

　　贷：存货　20

C. 借：年初未分配利润　20

　　贷：营业成本　20

D. 借：营业收入　140

　　贷：营业成本　100

　　　　存货　40

10. 2023 年 1 月，甲公司购入乙公司 70%的股权。取得股权当日，乙公司净资产账面价值为 2 000 万元，公允价值为 2 300 万元。甲公司取得乙公司股权属于同一控制下的企业合并。截至 2023 年 12 月 31 日，乙公司净资产账面价值为 2 750 万元，公允价值为 3 000 万元。甲公司编制 2023 年合并财务报表，在编写长期股权投资和乙公司所有者权益抵销分录时，抵销的长期股权投资金额是（　　）万元。

A. 980　B. 945　C. 2 100　D. 1 925

11. 甲公司与乙公司合并前不存在关联方关系。甲公司 2023 年 1 月 1 日投资 2 000 万元购入乙公司 70%的股权。合并当日乙公司所有者权益账面价值为 2 000 万元，可辨认净资产公允价值为 2 400 万元，差额为乙公司一项无形资产公允价值大于其账面价值引起的。两家公司适用的所得税税率为 25%，在 2023 年年末甲公司编制合并财务报表时，抵销分录中应确认的商誉为（　　）万元。

A. 390　B. 200　C. 240　D. 400

四、多项选择题

1. 下列关于财务报告的表述中，正确的有（　　）。

A. 财务报告中的财务报表是对企业财务状况、经营成果和现金流量的结构性表述

B. 财务报告包括财务报表和其他应在财务报告中披露的相关信息和资料

C. 财务报告应至少包括资产负债表、利润表、现金流量表、所有者权益变动表和附注

D. 财务报告的组成部分具有不同的重要程度，财务报表比附注更重要

2. 下列有关财务报表项目金额间相互抵销的处理，表述正确的有（　　）。

A. 财务报表项目应当以总额列报，资产和负债、收入和费用、直接计入当期利润的利得和损失等项目的金额不能相互抵销，即不得以净额列报

B. 一组类似交易形成的利得和损失以净额列示的，不属于抵销

C. 资产或负债项目按扣除备抵项目后的净额列示的，不属于抵销

D. 非日常活动产生的利得和损失，以同一交易形成的收益扣减相关费用后的净额列示更能反映交易实质的，不属于抵销

3. 编制合并财务报表时应当遵循的原则包括（　　）。

A. 一体性原则　　B. 重要性原则

C. 谨慎性原则　　D. 以个别财务报表为基础编制

4. 下列关于合并财务报表的表述中，正确的有（　　）。

A. 合并财务报表反映的是企业集团整体的财务状况、经营成果和现金流量

B. 合并财务报表的编制主体是母公司

C. 合并财务报表以企业集团个别财务报表为基础进行编制

D. 合并财务报表反映的对象是法律意义上的主体

5. 在确定对被投资单位能够实施控制时，应考虑的因素有（　　）。

A. 从被投资单位获得固定回报

B. 通过参与被投资方的相关活动而享有可变回报

C. 拥有对被投资方的权力

D. 有能力运用对被投资方的权力影响其回报金额

6. A 公司和 B 公司是母子公司关系，所得税税率均为 25%。2023 年年末，A 公司应收 B 公司账款为 100 万元（期初应收账款余额为 0），坏账准备计提比例为 2%。对此，母公司在 2023 年合并财务报表工作底稿中应编写的抵销分录有（　　）。

A. 借：应付账款　　100
　　贷：应收账款　　100

B. 借：应收账款——坏账准备　　2
　　贷：资产减值损失　　2

C. 借：递延所得税资产　　0.5
　　贷：所得税费用　　0.5

D. 借：所得税费用　　0.5
　　贷：递延所得税资产　　0.5

7. 将集团内部利息收入与内部利息支出抵销时，可能编写的抵销分录有（　　）。

A. 借记“投资收益”科目，贷记“财务费用”科目

B. 借记“营业外收入”科目，贷记“财务费用”科目

C. 借记“管理费用”科目，贷记“财务费用”科目

D. 借记“投资收益”科目，贷记“在建工程”科目

8. 下列选项中，编写合并现金流量表时需要调整抵销的有（　　）。

A. 母公司与子公司、子公司相互之间当期以现金投资或收购股权增加的投资所产生的现金流量

B. 母公司与子公司、子公司相互之间当期取得投资收益收到的现金与分配股利、利润或偿付利息支付的现金

C. 母公司与子公司、子公司相互之间以现金结算债权与债务所产生的现金流量

D. 母公司与子公司、子公司相互之间当期发生的其他内部交易所产生的现金流量

9. 母公司将其成本为 80 万元的一批产品销售给子公司，销售价格为 100 万元，子公

司本期购入该产品都形成期末存货，并为该项存货计提5万元跌价准备。一年后，子公司上期从母公司购入的产品仅对外销售了40%，另外60%依然为存货。由于产品已经陈旧，预计其可变现净值进一步下跌为40万元，子公司再次计提跌价准备。期末编制合并财务报表时（假设不考虑所得税影响），母公司应抵销的项目和金额有（　　）。

A. “年初未分配利润”15万元　　B. “营业成本”6万元

C. “存货”12万元　　D. “存货跌价准备”12万元

10. 甲公司为乙公司的母公司。2023年年末，甲公司应收乙公司1 000万元账款，甲公司按照应收账款余额的5%计提坏账准备。两公司适用的所得税税率均为25%。不考虑其他因素，甲公司在编制合并资产负债表时，应做的会计处理包括（　　）。

A. 调增递延所得税负债12.5万元

B. 调减应收账款1 000万元

C. 调减应付账款1 000万元

D. 调减递延所得税资产12.5万元

五、判断题

1. 企业财务报表要基于权责发生制编制。（　　）

2. 财务报表中没有单独列示的，附注中也不需单独披露。（　　）

3. 仅享有保护性权利的投资方不能对被投资方实施控制，也不能阻止其他方对被投资方实施控制。（　　）

4. 相关活动是指对被投资方的回报产生影响的所有活动。（　　）

5. 合并财务报表编制者可以是子公司也可以是母公司。（　　）

6. 编制合并财务报表时，只有非同一控制下的企业合并才可以将长期股权投资核算方法由成本法调整为权益法。（　　）

7. 在编制合并财务报表时，对于母公司与子公司、子公司相互之间发生的经济业务，应当视为同一会计主体内部业务进行处理，这体现的是一体性原则。（　　）

8. 对于非同一控制下的企业合并，母公司在编制合并财务报表前对子公司的报表进行调整时，只需要调整会计政策和会计期间的差别，不需要对其他情况进行调整。（　　）

六、简答题

1. 财务报告的目标是什么？

2. 财务报表编制列报的基本要求体现在哪些方面？

3. 编制合并财务报表的前期准备事项有哪些？

4. 简述合并财务报表的编制程序。

5. 简述同一控制下企业合并的会计处理原则。

6. 购买方对于企业合并成本与确认的被购买方可辨认净资产公允价值份额的差额应如何处理？

七、案例分析题

1. A 公司于 2023 年 1 月 1 日合并了 B 公司，双方合并前不存在关联方关系，A 公司持有 B 公司 80%的股权。母子公司适用的所得税税率均为 25%，税法规定计提的坏账准备不得税前扣除，有关内部债权债务资料如下：

（1）A 公司采用应收账款余额百分比法计提坏账准备，计提比例为 2%。2023 年、

2024 年 A 公司应收 B 公司账款分别为 1 000 万元、1 200 万元。

（2）2023 年 1 月 1 日，A 公司经批准发行 5 年期一次还本、分期付息的公司债券 2 000 万元，债券利息在次年 1 月 3 日支付，票面年利率为 6%。假定债券发行时的市场年利率为 5%。A 公司该批债券实际发行价格为 2 086. 54 万元。同日 B 公司直接从 A 公司购入其所发行债券的 50%，并作为债权投资核算。

要求：

（1）编写 2023 年和 2024 年内部应收账款与应付账款的抵销分录。

（2）编写 2023 年和 2024 年内部应付债券和债权投资的抵销分录（不考虑与现金流量表有关的抵销分录）。

2. 甲公司、乙公司2023年有关交易或事项如下：

（1）1月1日，甲公司向乙公司控股股东丙公司定向增发本公司普通股股票1 400万股（每股面值为1元，市价为15元），以取得丙公司持有的乙公司70%的股权，实现对乙公司财务和经营政策的控制。股权登记手续于当日办理完毕，交易后丙公司拥有甲公司对外发行普通股的5%。甲公司为定向增发普通股股票，支付券商佣金及手续费300万元；为核实乙公司资产价值，支付资产评估费20万元。相关款项已通过银行存款支付。

当日，乙公司净资产账面价值为24 000万元，其中股本为6 000万元，资本公积为5 000万元，盈余公积为1 500万元，未分配利润为11 500万元。乙公司可辨认净资产的公允价值为27 000万元。乙公司可辨认净资产账面价值与公允价值的差额系由以下两项资产所致：①一批库存商品，成本为8 000万元，未计提存货跌价准备，公允价值为8 600万元；②一栋办公楼，成本为20 000万元，累计折旧6 000万元，未计提减值准备，公允价值为16 400万元。上述库存商品于2023年12月31日前全部实现对外销售；上述办公楼预计自2023年1月1日起剩余使用寿命为10年，预计净残值为0，采用年限平均法计提折旧。

（2）2月5日，甲公司向乙公司销售产品一批，销售价格为2 500万元（不含增值税，下同），产品成本为1 750万元。至当年年末，乙公司已对外销售70%，其余30%形成存货，未发生跌价损失。

（3）6月15日，甲公司以2 000万元的价格将其生产的产品销售给乙公司，销售成本为1 700万元，款项已于当日收存银行。乙公司取得该产品后作为管理用固定资产并于当月投入使用，采用年限平均法计提折旧，预计使用5年，预计净残值为0。至当年年末，该项固定资产未发生减值。

（4）10月2日，甲公司以一项专利权交换乙公司生产的产品。交换日，甲公司专利权的成本为4 800万元，累计摊销1 200万元，未计提减值准备，公允价值为3 900万元。乙公司换入的专利权作为管理用无形资产使用，采用直线法摊销，预计尚可使用5年，预计净残值为0。乙公司用于交换的产品成本为3 480万元，未计提跌价准备，交换日的公允价值为3 600万元，乙公司另支付了300万元给甲公司；甲公司换入的产品作为存货，至当年年末尚未出售。上述两项资产已于10月10日办理了资产划转和交接手续，且交换资产未发生减值。

（5）12月31日，甲公司应收账款账面余额为2 500万元，计提坏账准备200万元。该应收账款系2月份向乙公司赊销产品形成。

（6）2023年，乙公司利润表中列明净利润为9 000万元，提取盈余公积为900万元，因持有的其他债权投资公允价值上升计入其他综合收益的金额为500万元。当年，乙公司向股东分配现金股利4 000万元，其中甲公司分得现金股利2 800万元。

（7）其他有关资料：

1）2023年1月1日前，甲公司与乙公司、丙公司均不存在任何关联方关系。

2）甲公司与乙公司均以公历年度作为会计年度，采用相同的会计政策。

3）假定不考虑所得税及其他因素，甲公司和乙公司均按当年净利润的10%提取法定盈余公积，不提取任意盈余公积。

要求：

（1）计算甲公司取得乙公司70%股权的成本，并编写相关会计分录。

（2）计算甲公司在编写购买日合并财务报表时因购买乙公司股权应确认的商誉。

（3）编写甲公司2023年12月31日编写合并财务报表时按照权益法调整对乙公司长期股权投资的会计分录。

（4）编写甲公司2023年12月31日编写合并财务报表时相关的抵销分录（不要求编写与合并现金流量表相关的抵销分录）。

第十五章　会计政策、会计估计变更与差错更正

一、名词解释

1. 追溯调整法

2. 未来适用法

二、填空题

1. 会计政策是指企业在会计确认、计量和报告中所采用的＿＿＿＿＿＿、基础和＿＿＿＿＿＿。

2. 我国企业会计准则将会计政策分为＿＿＿＿＿＿会计政策和＿＿＿＿＿＿的会计政策。

3. 企业对相同的交易或者事项所采用的会计政策进行改动的行为是指＿＿＿＿＿＿。

4. 会计估计是指企业对结果＿＿＿＿＿＿的交易或者事项以最近可利用的信息为基础所作的判断。

5. 会计估计变更应采用＿＿＿＿＿＿法处理。

6. 对于不重要的前期差错，应采用＿＿＿＿＿＿法进行会计处理。

7. 对于重要的前期差错，应采用＿＿＿＿＿＿法进行会计处理。

三、单项选择题

1. 甲公司适用的所得税税率为 25%。2023 年年初，该公司对某栋以经营租赁方式出租的办公楼的后续计量模式由成本模式改为公允价值模式。该办公楼 2023 年年初账面原值为 7 000 万元，已计提折旧 200 万元，未发生减值，变更日的公允价值为 8 800 万元。该办公楼在变更日的计税基础与其原账面价值相同。甲公司变更日应调整期初留存收益的

金额为（ ）万元。

A. 1 500　　B. 2 000　　C. 500　　D. 1 350

2. 下列关于会计政策变更累积影响数的说法中，不正确的是（ ）。

A. 计算会计政策变更累积影响数时，不需要考虑利润或股利的分配

B. 如果提供可比财务报表，则对于比较财务报表可比期间以前的会计政策变更累积影响数，应调整比较财务报表最早期间的期初留存收益

C. 如果提供可比财务报表，则对于比较财务报表期间的会计政策变更，应调整该期间净损益各项目和财务报表其他相关项目

D. 累积影响数的计算不需要考虑所得税影响

3. 某公司适用的所得税税率为25%，2012年1月1日首次执行会计准则，将全部短期投资分类为交易性金融资产，其后续计量由按成本与市价孰低计量改为按公允价值计量。该短期投资2011年年末账面价值为560万元，公允价值为580万元。变更日该交易性金融资产的计税基础为560万元。该公司下列会计处理（2012年）中，不正确的是（ ）。

A. 按会计政策变更处理

B. 变更日对交易性金融资产追溯调增其账面价值20万元

C. 变更日应确认递延所得税负债5万元

D. 变更日应调增期初留存收益20万元

4. 关于企业会计政策的选用，下列情形中不符合相关规定的是（ ）。

A. 因原采用的会计政策不能可靠反映企业的真实情况而改变会计政策

B. 会计准则要求变更会计政策

C. 为减少当期费用而改变会计政策

D. 因执行企业会计准则，将对子公司投资的核算方法由权益法改为成本法

5. 某公司于2020年1月1日起对一台管理用的设备计提折旧。该设备原价为200万元，预计使用寿命为10年（不考虑净残值因素），按直线法计提折旧。由于技术进步，从2023年1月1日起，决定将原估计的该设备使用寿命改为7年，同时改按年数总和法计提折旧。该公司2023年应计提的折旧额为（ ）万元。

A. 40　　B. 35　　C. 42　　D. 56

6. 下列关于会计估计及其变更的表述中，正确的是（ ）。

A. 会计估计应以最近可利用的信息或资料为基础

B. 对结果不确定的交易或事项进行会计估计会削弱会计信息的可靠性

C. 会计估计变更应根据不同情况采用追溯重述法或追溯调整法进行处理

D. 某项变更难以区分为会计政策变更和会计估计变更的，应作为会计政策变更处理

7. 下列选项中，不属于会计估计变更的是（ ）。

A. 因技术发展，无形资产的摊销期限由10年缩短为6年

B. 坏账准备由采用余额百分比法计提变更为采用账龄分析法计提

C. 发出存货的计价方法由先进先出法变更为加权平均法

D. 对固定资产计提折旧的方法由年数总和法变更为年限平均法

8. 某公司 2022 年实现净利润 6 600 万元。该公司 2023 年发生或发现的下列交易或事项中，会影响其资产负债表“未分配利润”项目年初余额的是（ ）。

A. 发现 2022 年少计管理费用 1 000 万元

B. 发现 2022 年少计提折旧费用 0. 005 万元

C. 为 2022 年售出的产品提供售后服务发生支出 600 万元

D. 收到 2022 年先征后返的增值税 18 万元

9. 对本期发现的属于本期的会计差错，应采取的会计处理方法是（ ）。

A. 不作任何调整

B. 调整前期相同的相关项目

C. 调整本期相关项目

D. 直接计入当期净损益项目

10. 对于重要的涉及损益类科目的以前期间差错，应通过（ ）科目核算。

A. “以前年度损益调整”　　B. “留存收益”

C. “资产处置损益”　　D. “投资收益”

四、多项选择题

1. 关于企业会计政策的选择和运用，下列说法中不正确的有（ ）。

A. 实务中某项交易或者事项的会计处理，会计准则或应用指南未作规范的，企业可根据自身情况对该事项或交易作出处理

B. 企业应在国家统一的会计制度规定的会计政策范围内选择适用的会计政策

C. 会计政策应当保持前后各期的一致性

D. 会计政策所指的会计原则包括一般原则和特定原则

2. 下列选项中，不需要采用追溯调整法进行会计处理的有（ ）。

A. 无形资产因预计使用年限发生变化而变更其摊销年限

B. 低值易耗品摊销方法改变

C. 固定资产因经济利益实现方式发生变化而变更其折旧方法

D. 采用成本模式计量的投资性房地产改按公允价值模式计量

3. 在当期期初确定会计政策变更对以前各期累积影响数不切实可行时，应当采用未来适用法处理，其条件包括（ ）。

A. 企业账簿因超过法定保存期限而销毁，造成会计政策变更累积影响数无法确定

B. 企业账簿因不可抗力而毁坏，造成累积影响数无法确定

C. 法律或行政法规要求对会计政策的变更采用追溯调整法，但企业无法确定会计政策变更累积影响数

D. 因经济环境改变，企业无法确定累积影响数

4. 会计估计的特点有（ ）。

A. 会计估计的存在归因于经济活动中固有的不确定性因素

B. 进行会计估计变更，说明此前采用的方法有差错

C. 进行会计估计时，往往以最近可利用的信息或资料为基础

D. 进行会计估计并不会削弱会计确认和计量的可靠性

5. 下列有关会计估计变更的表述中，正确的有（ ）。

A. 会计估计变更不改变以前期间的会计估计，也不调整以前期间的报告结果

B. 企业难以对某项变更区分为会计政策变更或会计估计变更的，应当将其作为会计估计变更处理

C. 预计负债初始计量的最佳估计数的确定属于会计估计变更

D. 对于会计估计变更，企业应采用未来适用法进行会计处理

6. 下列事项中属于前期差错的有（ ）。

A. 前期舞弊产生的影响

B. 前期应用会计政策错误

C. 前期疏忽或曲解事实

D. 因本期利润较低，将计提的固定资产减值准备进行转回

7. 下列事项中，不会对年初未分配利润产生影响的有（ ）。

A. 发现上年度固定资产少计提折旧费用 500 万元

B. 发现上年度多计了资本公积 200 万元

C. 因客户资信状况明显改善，将应收账款坏账准备计提比例由 15%改为 5%

D. 发现上年度少计了财务费用 10 元

五、判断题

1. 企业应对固定资产预计使用寿命、预计净残值的调整按照会计估计变更的有关规定进行会计处理，而对于固定资产折旧方法的变更，应作为会计政策变更处理。（ ）

2. 会计政策变更只能采用追溯调整法。（ ）

3. 会计估计变更仅影响变更当期的，其影响数应当在变更当期予以确认；既影响变更当期又影响未来期间的，其影响数应当在变更当期和未来期间予以确认。（ ）

4. 期末，对建造合同或劳务合同履约进度进行重新估计，应按会计估计变更处理。（ ）

5. 固定资产的盘亏、盘盈均属于前期差错。（ ）

6. 本期发现的属于以前年度的非重要会计差错，不应调整财务报表相关项目的期初数，但应调整发现当期与前期相同的相关项目。（ ）

7. 2023 年 2 月 13 日，在 2022 年度财务报告批准报出前，某公司发现 2022 年年末其他权益工具投资公允价值变动 2 000 万元计入了公允价值变动损益，该公司应调整 2022 年度财务报表相关项目的期末数和本年数。（ ）

8. 会计政策一经确定，不得变更。（ ）

六、简答题

1. 企业可以变更会计政策的情形及会计处理方法有哪些？

2. 追溯调整法和未来适用法有何区别？

3. 会计估计变更包括哪些情形？

4. 企业对会计估计变更应如何进行会计处理？

5. 简述前期差错的内容。

6. 企业对前期差错应如何进行会计处理？

七、案例分析题

1. 甲公司为上市公司，采用资产负债表债务法核算所得税，适用的所得税税率为25%。甲公司2021年至2023年发生的交易或事项如下：

（1）2021年7月1日，甲公司将其自用的一栋办公楼出租给乙公司，租赁期为5年，年租金为200万元，乙公司每半年支付一次租金。该办公楼账面原值为2 000万元，预计使用寿命为50年，至租赁日已使用20年，按照年限平均法计提折旧，预计净残值为0（与税法规定相同）。甲公司对该投资性房地产按照成本模式进行后续计量。

（2）2023年1月1日，因办公楼满足公允价值模式计量条件，甲公司决定将该办公楼后续计量模式由成本模式改为公允价值模式。2023年1月1日，该办公楼的公允价值为2 500万元。

假设甲公司法定盈余公积的提取比例为10%，不考虑其他因素。

要求：

（1）根据资料（1），编写2021年7月1日、2021年12月31日甲公司与投资性房地产相关的会计分录。

（2）根据资料（2），计算甲公司该会计政策变更对2023年期初留存收益的影响总额。

（3）根据资料（2），编写甲公司进行会计政策变更的调整分录。

2. 某公司 2023 年发生如下会计估计变更事项：

（1）2021 年 1 月 1 日取得的一项无形资产，其原价为 600 万元，因取得时使用寿命不确定，公司将其作为使用寿命不确定的无形资产。至 2022 年 12 月 31 日，该无形资产已计提减值准备 100 万元。2023 年 1 月 1 日，因该无形资产的使用寿命可以确定，公司将其作为使用寿命有限的无形资产，预计尚可使用年限为 5 年，无残值，采用直线法摊销。

（2）2023 年以前，公司对应收账款每年按其余额的 5% 计提坏账准备。2023 年 1 月 1 日，由于掌握了新的信息，公司将坏账准备的计提比例改为应收账款余额的 15%。假定 2022 年 12 月 31 日该公司坏账准备余额为 150 万元，2023 年 12 月 31 日该公司应收账款余额为 5 000 万元。

（3）2023 年 7 月 1 日，鉴于更为先进的技术被采用，公司决定将 A 生产线的使用寿命由 10 年缩短至 6 年，预计净残值为 0，仍采用年限平均法计提折旧。A 生产线系 2021 年 12 月购入，并于当月投入公司车间部门用于生产产品，入账价值为 10 500 万元。购入时预计使用寿命为 10 年，预计净残值为 500 万元。A 生产线一直没有计提减值准备。

假定不考虑相关税费。

要求：

（1）计算 2023 年无形资产的摊销额，并编写相关会计分录。

（2）计算 2023 年应计提坏账准备的金额，并编写相关会计分录。

（3）计算 A 生产线 2023 年应计提的折旧额，并编写相关会计分录。

3. 某公司为增值税一般纳税人，按净利润的10%提取法定盈余公积。2019 年 1 月，该公司以银行存款 600 万元购入一项专利权，预计使用年限为 6 年，无残值。2022 年年末，预计该项无形资产的可收回金额为 160 万元，因此计提资产减值准备 40 万元。公司 2022 年计提减值准备后，该无形资产原预计使用年限不变。该公司 2023 年发生如下事项：

（1）因市场变化，公司预计该无形资产将不能给企业带来未来经济利益，于 2023 年 7 月 31 日将该无形资产账面价值 160 万元全部转入资产减值损失。

（2）2023 年 3 月 1 日，发现漏记 2022 年度管理用设备折旧 40 万元，按 2023 年度产生的差错处理，补记管理费用 40 万元。

（3）2023 年存在一份待执行合同，于 2023 年 4 月签订，约定以每辆 10 万元的价格销售 100 辆 X 型汽车。购买方已经预付定金 150 万元，若该公司违约需双倍返还定金。公司尚未生产汽车，也未购入原材料，但由于成本上升，预计每台汽车成本为 11 万元。该公司选择执行合同，确认资产减值损失和存货跌价准备 100 万元。

要求：不考虑增值税等因素，判断上述会计处理是否正确并说明理由。若不正确，请作为当期差错进行更正处理。

第十六章　资产负债表日后事项处理

一、名词解释

1. 资产负债表日后事项

2. 资产负债表日后调整事项

二、填空题

1. 结账和编制资产负债表的日期是___________。

2. 资产负债表日后事项涵盖的期间是自资产负债表日___________起至财务报告___________止的一段时间。

3. 资产负债表日后调整事项涉及利润分配调整的，直接在___________科目核算。

4. 若调整事项发生在汇算清缴日之前，应通过“应交所得税”科目和___________科目核算。

5. 对于调整事项，不能调整报告年度资产负债表中的___________项目数据及现金流量表（正表）数据。

6. 资产负债表日后发生的___________事项，与资产负债表日存在状况无关，不应当调整资产负债表日的财务报表。

7. 对于资产负债表日后发生的非调整事项，应当在报表附注中披露每项重要的资产负债表日后非调整事项的___________、内容及其对财务状况和___________的影响。

三、单项选择题

1. 资产负债表日后事项是（　）。

A. 资产负债表涵盖期间所发生的全部事项

B. 资产负债表涵盖期间所发生的有利于资产负债表日财务状况的事项

C. 资产负债表涵盖期间所发生的不利于资产负债表日财务状况的事项

D. 资产负债表日至财务报告批准报出日之间发生的需要调整或说明的有利或不利事项

2. 某上市公司2022年度财务报告于2023年2月10日编制完成，所得税汇算清缴日是3月20日，注册会计师完成审计及签署审计报告日是2023年4月10日，财务报告批准报出日为4月20日，财务报告实际对外报出日为4月22日，股东大会召开日期是4月25日。按照规定，相关资产负债表日后事项的涵盖期间为（　　）。

A. 2023年1月1日至2023年2月10日

B. 2023年2月10日至2023年4月22日

C. 2023年2月10日至2023年4月25日

D. 2023年1月1日至2023年4月20日

3. 下列发生在资产负债表日后期间的事项中，属于日后非调整事项的是（　　）。

A. 报告年度销售的商品发生销售折让

B. 报告期的未决诉讼判决

C. 发现以前年度重大会计差错

D. 企业发行巨额债券

4. 某上市公司2022年度财务报告批准报出日为2023年4月10日。该公司在2023年1月1日至4月10日发生的下列事项中，属于资产负债表日后调整事项的是（　　）。

A. 在一起历时半年的诉讼中败诉，支付赔偿金50万元，公司在上年年末已确认预计负债30万元

B. 因遭受水灾，上年购入的存货毁损100万元

C. 董事会提出2022年度利润分配方案，拟每10股送3股

D. 支付2022年度财务报告审计费50万元

5. 某公司所得税税率为25%，2022年度财务报告于2023年3月10日批准报出。2023年1月10日发生销售退回的业务，商品已收到并入库，且已开具红字增值税发票。该批商品在2022年12月发出且已确认收入，预计退货率为0，价款为1 000万元，销项税额为160万元，成本为800万元，货款未收到。对此，下列选项中不正确的是（　　）。

A. 该事项属于资产负债表日后调整事项

B. 应冲减2022年度的营业收入1 000万元

C. 应冲减2022年度的营业成本800万元

D. 应冲减2022年度的递延所得税资产50万元

6. 甲公司2022年度财务报表于2023年4月20日经董事会批准对外报出，按照净利润的10%提取法定盈余公积。2022年12月31日，应收乙公司账款2 000万元，当日对其计提坏账准备200万元。2023年2月20日，甲公司获悉乙公司已向法院申请破产，应收乙公司账款预计全部无法收回。不考虑其他因素，上述日后事项对2022年未分配利润的

影响金额是（　　）万元。

A. −180　　B. −1 620　　C. −1 800　　D. −2 000

7. 甲公司在 2023 年的财务报告批准报出日之前，发现了 2022 年的重大会计差错，对此事项，正确的处理是（　　）。

A. 作为发现本期会计差错处理

B. 作为发现以前年度会计差错处理

C. 在发现当期财务报表附注中披露

D. 按照资产负债表日后调整事项的处理原则作出相应调整

8. 甲公司 2022 年财务报告批准报出日为 2023 年 4 月 30 日。甲公司 2023 年 1 月 6 日向乙公司销售一批商品并确认收入。2023 年 2 月 20 日，乙公司因产品质量原因将上述商品退回。对此项退货业务，甲公司正确的处理方法是（　　）。

A. 冲减 2023 年 1 月份收入、成本和税金等相关项目

B. 冲减 2023 年 2 月份收入、成本和税金等相关项目

C. 作为 2022 年资产负债表日后事项中的调整事项处理

D. 作为 2022 年资产负债表日后事项中的非调整事项处理

9. 下列关于资产负债表日后重要的非调整事项的处理，正确的是（　　）。

A. 调整报告年度的报表

B. 在报告年度的报表附注中披露

C. 调整报告年度的报表，同时在报表附注中披露

D. 不调整报告年度的报表，也不在报表附注中披露

四、多项选择题

1. 下列关于资产负债表日后事项的表述中，不正确的有（　　）。

A. 资产负债表日是指每年 12 月 31 日

B. 财务报告批准报出日是指董事会或类似机构批准财务报告报出的日期

C. 资产负债表日后期间是指资产负债表日次日起至财务报告实际报出日之间的期间

D. 资产负债表日后事项是指资产负债表日至财务报告批准报出日之间发生的不利事项

2. 下列选项中，需要在财务报表附注中披露的有（　　）。

A. 资产负债表日后发生的重大诉讼、仲裁

B. 资产负债表日后发生自然灾害导致资产发生重大损失

C. 资产负债表日后发生企业合并或处置子公司

D. 资产负债表日后发生巨额亏损

3. A 公司为 B 公司的 2 000 万元债务提供 70% 的担保。2022 年 10 月，B 公司因到期无力偿还债务被起诉。至当年 12 月 31 日，法院尚未作出判决，A 公司根据有关情况预计很可能承担部分担保责任，金额能够可靠确定。2023 年 3 月 6 日，A 公司财务报告批准报

出之前法院作出判决，A 公司承担全部担保责任，须为 B 公司偿还债务的 70%，A 公司已执行。A 公司的以下会计处理中，正确的有（　　）。

A. 2022 年 12 月 31 日，按照或有事项确认为负债的条件确认预计负债并作出披露

B. 2022 年 12 月 31 日，对此事项按照或有负债作出披露

C. 2023 年 3 月 6 日，按照资产负债表日后非调整事项处理

D. 2023 年 3 月 6 日，按照资产负债表日后调整事项处理，调整财务报表相关项目

4. 甲公司因违约于 2022 年 11 月被乙公司起诉，该项诉讼在 2022 年 12 月 31 日尚未判决，甲公司认为很可能败诉并赔偿。2023 年 2 月 15 日，甲公司财务报告批准报出之前，法院判决甲公司需要偿付乙公司的经济损失，甲公司不再上诉并支付了赔偿款项。作为资产负债表日后调整事项，甲公司应作的会计处理包括（　　）。

A. 按照调整事项处理原则调整相关项目

B. 调整 2022 年 12 月 31 日利润表及所有者权益变动表相关项目

C. 调整 2022 年 12 月 31 日现金流量表正表相关项目

D. 调整 2022 年 12 月 31 日资产负债表相关项目

5. 下列关于资产负债表日后期间销售退回的说法中，正确的有（　　）。

A. 销售退回发生于报告年度所得税汇算清缴之后，涉及应交所得税的，不调整报告年度应交所得税的金额，应作为报告年度次年的纳税调整事项

B. 销售退回发生于报告年度所得税汇算清缴之前，涉及应交所得税的，应调整报告年度应交所得税的金额

C. 资产负债表所属期间或以前期间所售商品在资产负债表日后期间发生退回的，应作为资产负债表日后调整事项处理

D. 资产负债表日后期间发生的销售退回，仅包括报告年度或报告中期销售的商品在资产负债表日后期间发生的销售退回

6. 下列关于资产负债表日后非调整事项的处理，不正确的有（　　）。

A. 应当在财务报表附注中披露相关事项的性质、内容，及其对财务状况和经营成果的影响

B. 应调整报告年度的财务报表，同时在财务报表附注中披露

C. 非调整事项对财务报告使用者具有重大影响的，不应在财务报表附注中进行披露

D. 不需要调整报告年度的报表，但重要的需要在财务报表附注中披露

7. 下列选项中，需要在财务报表附注中披露的有（　　）。

A. 报告年度销售的商品退回

B. 外汇汇率发生重大变化

C. 企业合并

D. 发生火灾导致报告年度采购的原材料严重毁损

8. 下列有关资产负债表日后非调整事项的说法中，正确的有（　　）。

A. 重要的资产负债表日后非调整事项应在财务报表附注中予以披露

B. 重要的资产负债表日后非调整事项应在财务报表附注中披露事项的性质

C. 重要的资产负债表日后非调整事项应在财务报表附注中披露事项的内容

D. 重要的资产负债表日后非调整事项应在财务报表附注中披露事项对企业财务状况和经营成果的影响

五、判断题

1. 根据谨慎性原则，资产负债表日后非调整事项，只需要对不利事项在财务报表附注中进行披露，对有利事项不需要进行披露。（ ）

2. 资产负债表日后期间涉及的重大诉讼，属于资产负债表日后调整事项。（ ）

3. 资产负债表日后发生的全部事项都属于资产负债表日后事项。（ ）

4. 甲公司2022年财务报告的批准报出日为2023年3月25日。2023年3月1日，甲公司发现其在2023年2月1日所发生业务的会计处理存在重大差错，这应当作为资产负债表日后事项进行追溯调整。（ ）

5. 企业在报告年度资产负债表日至财务报告批准日之间取得确凿证据，表明某项资产在报告日已发生减值的，应作为资产负债表日后调整事项进行处理。（ ）

6. 对于资产负债表日后事项中涉及报告年度所属期间的销售退回，不调整报告年度利润表的收入、费用等项目，直接调整退回当期的收入、费用等。（ ）

7. 资产负债表日后期间发现以前期间的会计差错，但是金额很小，应将其作为非调整事项处理。（ ）

8. 资产负债表日后发生的非调整事项，若无法估计其对财务状况和经营成果的影响，则不在财务报表附注中披露。（ ）

六、简答题

1. 如何判断调整事项和非调整事项?

2. 常见的调整事项和非调整事项各有哪些?

3. 资产负债表日后调整事项涉及所得税时应如何处理?

4. 资产负债表日后调整事项涉及的财务报表应如何调整？

七、案例分析题

1. 甲公司采用资产负债表债务法核算所得税，所得税税率为25%，法定盈余公积的提取比例为10%。甲公司财务报告批准报出日为4月30日，2023年2月15日完成了2022年所得税汇算清缴。

2022年8月，甲公司因严重违约而被乙公司起诉，原告索赔50万元。法院2023年2月12日作出判决，甲公司须在判决后30日内向原告赔偿40万元，甲公司已经于判决当日执行。甲公司在2022年12月31日已经估计到很可能败诉，并预计需要赔偿10万元至30万元（各金额发生的可能性相等）。

要求：

（1）编写甲公司2022年12月31日关于或有事项的会计分录。

（2）编写甲公司2023年2月12日该调整事项的会计分录。

（3）说明应如何调整甲公司相关报告年度的财务报表。

2. 2022 年 12 月 1 日，乙公司的一条生产线发生安全事故，致使乙公司发生重大经济损失，该事故的主要原因是甲公司销售给乙公司的设备零部件质量未达标。乙公司起诉甲公司，要求甲公司赔偿经济损失 400 万元。该诉讼案在 2022 年 12 月 31 日尚未判决，甲公司已于 2022 年 12 月 31 日确认预计负债 300 万元。

甲公司 2022 年度财务报告于 2023 年 3 月 30 日批准报出，所得税汇算清缴日为 4 月 30 日。甲公司在 2023 年 1 月 1 日至 3 月 30 日公布财务报告前发生如下事项：

（1）2023 年 3 月 25 日，法院一审判决，甲公司需要赔偿乙公司经济损失 360 万元，甲、乙公司均不再上诉，且赔偿款已经支付。

（2）2023 年 3 月 4 日，甲公司接到丙公司投诉。丙公司反映其于 2022 年 12 月 19 日购自甲公司的一批商品，外观有大量划痕。该批商品不含税售价为 1 000 万元，成本为 800 万元。截至 2023 年 3 月 4 日，货款尚未收到。甲公司核查后确认该批商品的外观瑕疵确实是发货前发生的。经协商，甲公司同意对该批商品在原售价基础上给予 10%的减让，甲公司已于当日开具红字增值税专用发票。

（3）2023 年 3 月 20 日，甲公司发现在 2022 年 12 月 31 日计算 C 库存商品的可变现净值时发生差错。该库存商品的成本为 4 500 万元，预计可变现净值应为 3 600 万元。2022 年 12 月 31 日，甲公司误将 C 库存商品的可变现净值预计为 3 000 万元。

其他资料：

甲公司为增值税一般纳税人，适用的增值税税率为 13%。

甲公司采用资产负债表债务法核算所得税，适用的所得税税率为 25%。

甲公司按净利润的 10%提取法定盈余公积。

要求：

（1）指出上述事项中哪些属于资产负债表日后调整事项，哪些属于非调整事项，注明序号即可。

（2）对上述资产负债表日后调整事项，编写相关调整分录。